Vorwort

Das Jahr 2026 könnte das Jahr des zweiten Anlaufs für die betriebliche Altersversorgung werden. 2024 brachte die damalige Ampel-Regierung in Berlin das zweite Betriebsrentenstärkungsgesetz (BRSG II) weit voran, doch der Gesetzentwurf strandete mit dem Ende der früheren Bundesregierung vor der Ziellinie. Einer Initiative des damaligen Bundesfinanzministers Jörg Kukies vom Februar 2025 ist es zu verdanken, dass kleinere Versicherungsunternehmen, Sterbe- und Pensionskassen sowie Versorgungswerke inzwischen einen größeren Handlungsspielraum in der Kapitalanlage haben. Zentraler Baustein der Initiative war die Einführung einer bundesweiten Infrastrukturquote in Höhe von 5 Prozent des Sicherungsvermögens. Inzwischen hat die schwarz-rote Bundesregierung das gesamte verschobene Reformvorhaben aus der Schublade geholt – mit dem Ziel, das BRSG II rasch und nur minimal verändert einzuführen.

Diese und weitere notwendige Reformen sind notwendig, denn weiteren Stillstand in der Altersversorgung kann sich Deutschland nicht leisten. Allzu sehr steht die erste Rentensäule, die Leistungen aus der gesetzlichen Rentenversicherung, unter dem Druck der demografischen Entwicklung und benötigt zukunftsweisende Lösungen, um perspektivisch leistungsfähig und bezahlbar zu bleiben. Die gesetzliche Rente allein reicht aber dafür nicht aus, dass die Menschen einen zufriedenstellenden Lebensstandard im Alter genießen können. Deshalb sollten Beschäftigte ihre Altersversorgung so früh wie möglich auch kapitalgedeckt auf- und ausbauen – gerade über Betriebsrenten. Erfahrungsgemäß sind der öffentliche Dienst und Großunternehmen als Arbeitgeber besonders aktiv, wenn es um die bAV geht. Doch auch im kleineren Mittelstand, der gerade auf der Ebene der Mitarbeiterinnen und Mitarbeitern weiterhin eine relativ schwache Marktdurchdringung in der bAV aufweist, bieten immer mehr Unternehmen Betriebsrentenmodelle an. Oft stehen Branchenlösungen nach Tarifverträgen dabei Pate, aber entscheidend ist das Engagement des Arbeitgebers beim Angebot und bei der Kommunikation mit den Beschäftigten.

Die neue Studie „Betriebliche Altersversorgung im Mittelstand 2025/26" von der Dialog Lebensversicherungs-AG und F.A.Z. Business Media gibt Antworten auf die Frage, wie sich die betriebliche Altersversorgung im Jahr 2025 schlägt, in dem die ganze Welt angesichts geopolitischer und wirtschaftlicher Unsicherheit und hoher Volatilität an den Märkten Orientierung sucht. Dabei beleuchten wir vor allem die Lage von Beschäftigten, deren Vorsorgebedarf besonders hoch ist, da sie in Teilzeit arbeiten, geringe Gehälter beziehen oder zeitweise aus dem Erwerbsleben aussteigen – und entsprechend weniger Geld für die Vorsorge auf die hohe Kante legen können. Schließlich messen wir die Zufriedenheit der Arbeitgeber mit verschiedenen HR-Instrumenten, darunter auch die bAV, und schauen, wie Zusatzleistungen wie eine Hinterbliebenenversicherung die Attraktivität von bAV-Angeboten erhöhen kann.

Die vorliegende Studienbroschüre fasst die Resultate einer telefonischen Befragung von bAV-Experten im Mittelstand zusammen, die die Marktforschungsgesellschaft forsa vom 21. Mai bis 5. Juni 2025 durchgeführt hat. Dafür wurden insgesamt 201 Personalverantwortliche mit der Zuständigkeit für die betriebliche Altersversorgung aus deutschen mittelständischen Unternehmen mit 50 bis 500 Mitarbeitern interviewt. Die Gesprächspartner in den Betrieben gaben Auskunft darüber, welche aktuellen Trends sie in der bAV, im Markt und in der Risikoabsicherung beobachten. Auch fassen sie die Nachfrage ihrer Beschäftigten nach bAV-Angeboten zusammen. forsa führte die Erhebung in Form computergestützter Telefoninterviews anhand eines strukturierten Fragebogens nach der Methode des Computer Aided Telephone Interviewing (CATI) durch. Die Ermittlung der Befragten erfolgte im Rahmen einer systematischen Zufallsauswahl.

Dialog Lebensversicherungs-AG
F.A.Z. BUSINESS MEDIA GmbH

EXECUTIVE SUMMARY:

Notwendigkeit für mehr Altersvorsorge erkannt, Umsetzung stockt aber

Der Mittelstand rückt zunehmend den Vorsorgebedarf von Geringverdienern in den Fokus der eigenen bAV-Angebote. Dieses Engagement der Arbeitgeber ist auch wichtig, denn angesichts sinkender Marktdurchdringung der bAV im Mittelstand besteht noch mehr Handlungsbedarf. Damit auch die Beschäftigten die Notwendigkeit von mehr eigener Vorsorge erkennen, fordern die Arbeitgeber von ihren bAV-Dienstleistern mehr Beratungsangebote. Zugleich erwarten sie vom Gesetzgeber regulatorische Initiativen. Ob das Sozialpartnermodell allein ausreicht, ist umstritten.

Der Mittelstand erkennt den Vorsorgebedarf von Geringverdienern für den Ruhestand, die Umsetzung dieser Erkenntnis in Form von zielgenauen Angeboten kommt aber nur schleppend voran

Immer mehr mittelständische Betriebe erkennen die Notwendigkeit, bei ihren Angeboten der bAV vor allem auf die Vorsorgebedürfnisse von Geringverdienern einzugehen – seien es Berufseinsteiger, Teilzeitkräfte, Elternteile mit Erziehungszeiten oder Personen mit unregelmäßigen Einkommen. Inzwischen richtet gut jeder fünfte Betrieb das eigene bAV-Angebot auf solche Beschäftigte mit einem besonders hohen Vorsorgebedarf aus. Zugleich sprechen sich die Arbeitgeber für weitere regulatorische Maßnahmen des Gesetzgebers aus, um die Vorsorge des betroffenen Personenkreises stärker zu unterstützen. An erster Stelle erwarten sie eine höhere steuerliche Förderung für die Vorsorgeaktivitäten von Geringverdienern. Ebenso stoßen mehr Informationen und höhere Arbeitgeberzuschüsse für die betroffenen Personengruppen auf eine breite Zustimmung der befragten Betriebe. Zugleich ist eine deutliche Mehrheit der Mittelständler davon überzeugt, dass nur ein bAV-Obligatorium helfen würde, der drohenden Altersarmut von Geringverdienern entgegenzuwirken. Allerdings stehen sie einer flächendeckenden Einführung eines bAV-Obligatoriums skeptisch gegenüber. Ebenso spricht sich eine Mehrheit der befragten bAV-Experten gegen eine rein arbeitgeberfinanzierte Betriebsrente aus.

Die Marktdurchdringung der bAV im Mittelstand geht im Jahr 2025 auf allen Hierarchieebenen zurück

In einem Jahr, das durch geopolitische Unsicherheit, Handelskrieg, Volatilität an den Finanzmärkten und stagnierende Konjunkturen gekennzeichnet ist, schlägt die Krisenstimmung auch negativ in der betrieblichen Altersversorgung zu Buche. Die befragten Mittelständler berichten in ihren Schätzungen der Marktdurchdringung der bAV von einem Rückgang – und das auf den drei nachgefragten Hierarchieebenen Topmanagement, mittleres Management und Mitarbeiter. Vor allem auf der Ebene der Mitarbeiter wird das Schrumpfen der Vorsorgetätigkeiten sichtbar, insbesondere in kleineren Betrieben mit 50 bis unter 100 Beschäftigten. Im Detail zeigt sich der größte Rückgang in der Nachfrage nach rein arbeitnehmerfinanzierter Entgeltumwandlung, während die überwiegende Mehrheit der Betriebe gemischt finanzierte bAV-Modelle anbietet.

Der Bedarf der Beschäftigten an einer Beratung durch bAV-Dienstleister nimmt zu

Auch wenn die Marktdurchdringung der bAV rückläufig ist, sprechen die Beschäftigten die Fachabteilungen in den Betrieben in diesem Jahr häufiger auf Betriebsrententhemen an als in der Vergangenheit. Aus diesem gewachsenen Gesprächsbedarf und aus der Notwendigkeit zur Vorsorge leiten die bAV-Experten in den Betrieben eine wachsende Nachfrage nach Beratung auf der Seite der Beschäftigten ab. Entsprechend erwarten sie von ihren bAV-Dienstleistern mehr Beratungsangebote. Dabei geht es nicht nur vordergründig um das bAV-Angebot des Arbeitgebers, sondern auch um Aspekte wie die Sicherheit der Kapitalanlage, Flexibilität in der Einzahlung und geeignete Formate für die individuelle Vorsorge. Zugleich wird immer deutlicher, dass die bAV im Mittelstand nur dann erfolgreich sein wird, wenn sich die Arbeitgeber stärker für ihre Beschäftigten engagieren und wenn sie dabei die Unterstützung des Gesetzgebers in Form von regulatorischen Erleichterungen erfahren.

Der Gesetzgeber muss die bAV regulatorisch voranbringen – aber wie?

Die Vorsorgelücke vieler Beschäftigten im Mittelstand lässt sich nur mit Hilfe weiterer regulatorischer Maßnahmen des Gesetzgebers verkleinern. Die schwarz-rote Bundesregierung hat das Gesetzgebungsverfahren für das zweite Betriebsrentenstärkungsgesetz wieder angeschoben. Im Mittelstand gehen die Ansichten über das Sozialpartnermodell und über die reine Beitragszusage hingegen auseinander. Lediglich 39 Prozent der Betriebe stimmen der These zu, die reine Beitragszusage könne nur dann zu einer großflächigen Verbreitung der bAV im Mittelstand führen, wenn der Tarifvorbehalt falle. Dabei stimmen größere und mittlere Betriebe dieser Aussage eher zu als kleinere Betriebe, obwohl das Sozialpartnermodell gerade dem letzteren Segment des Mittelstands helfen soll. Zugleich weisen aktuell mehr Arbeitgeber als im vergangenen Jahr darauf hin, dass die reine Beitragszusage eine Lösung für die Altersversorgung von Geringverdienern sein kann.

Der Beratungsbedarf der Beschäftigten ist nach Ansicht der bAV-Experten in diesem Jahr – zusammen mit dem Bedarf an Vorsorge – deutlich gestiegen.

bAV wirkt in der Mitarbeiterbindung – aber zusammen mit einer Hinterbliebenenabsicherung noch stärker

Fast jeder zweite bAV-Experte im Mittelstand teilt die Ansicht, Arbeitgeber im Mittelstand könnten durch ein gutes bAV-Angebot inklusive einer Hinterbliebenenversorgung mehr junge Talente gewinnen und im Unternehmen halten. Tatsächlich bieten über 80 Prozent der befragten Betriebe nach eigener Aussage ein bAV-Modell mit einer Arbeitgeberfinanzierung an. Rund drei Viertel von ihnen sind mit der Wirkung eines solchen bAV-Angebots auf die Mitarbeiterbindung auch zufrieden. Dabei ist noch Luft nach oben, und die kann von zusätzlichen Leistungskomponenten zu einem Betriebsrentenangebot kommen. So erachten ebenfalls drei Viertel der Betriebe eine Hinterbliebenenabsicherung als eine wichtige Zusatzleistung des Arbeitgebers zum bAV-Angebot. Auch die Ausrichtung des bAV-Angebots speziell auf Geringverdiener führt nach Ansicht der befragten bAV-Experten zu zufriedenstellenden Ergebnissen.

Versicherer steigern ihren Marktanteil in der bAV des Mittelstands

90 Prozent der mittelständischen Betriebe setzen auf Versicherer als Kooperationspartner in der bAV, wobei die meisten Unternehmen nicht mit einem Versicherer allein, sondern noch mit weiteren Dienstleistern kooperieren. Das sind vor allem Versicherungsmakler, auf die fast jeder zweite Betrieb setzt. Auch Pensionskassen und branchen- sowie tarifvertragliche Modelle werden stärker als Dienstleister nachgefragt. Dabei wählt der Mittelstand bAV-Dienstleister vor allem nach den Kriterien bewährte Kooperationspraxis, überzeugende Produkte und überzeugende Services aus. Von ihren Dienstleistern erhoffen sich die Betriebe zuerst eine vereinfachte bAV-Verwaltung, aber auch Sicherheit in der Kapitalanlage und hohe Renditen. Bei den Services liegt der Fokus der Kunden auf Transparenz und Überprüfbarkeit. Die Direktversicherung bleibt der am häufigsten nachgefragte Durchführungsweg.

BEFRAGUNG IM PROFIL:

Design und Methodik der Studie

Die Marktforschungsgesellschaft forsa befragte vom 21. Mai bis 5. Juni 2025 insgesamt 201 Personalverantwortliche mit bAV-Zuständigkeit in deutschen Unternehmen mit 50 bis 500 Mitarbeitern. Die Befragten wurden über eine systematische Zufallsauswahl auf der Basis der Hoppenstedt-Firmenkundendatenbank und einer Screening-Frage zum Verantwortungsbereich ermittelt. Die Befragung erfolgte in Form computergestützter Telefoninterviews anhand eines strukturierten Fragebogens nach der CATI-Methode. Die Erhebung führte forsa im Rahmen einer Exklusivstudie durch. In der Gesamtstichprobe beträgt der Stichprobenfehler +/–7 Prozentpunkte. Die Befragungsergebnisse lassen sich nach der Anzahl der Mitarbeiter in kleinere (50 bis unter 100 Mitarbeiter; 44 Prozent), mittlere (100 bis unter 250 Mitarbeiter; 36 Prozent) und größere Betriebe (250 bis 500 Mitarbeiter; 20 Prozent) differenzieren.

Unternehmen nach Branche
(Branchenzugehörigkeit der befragten Unternehmen, in %)

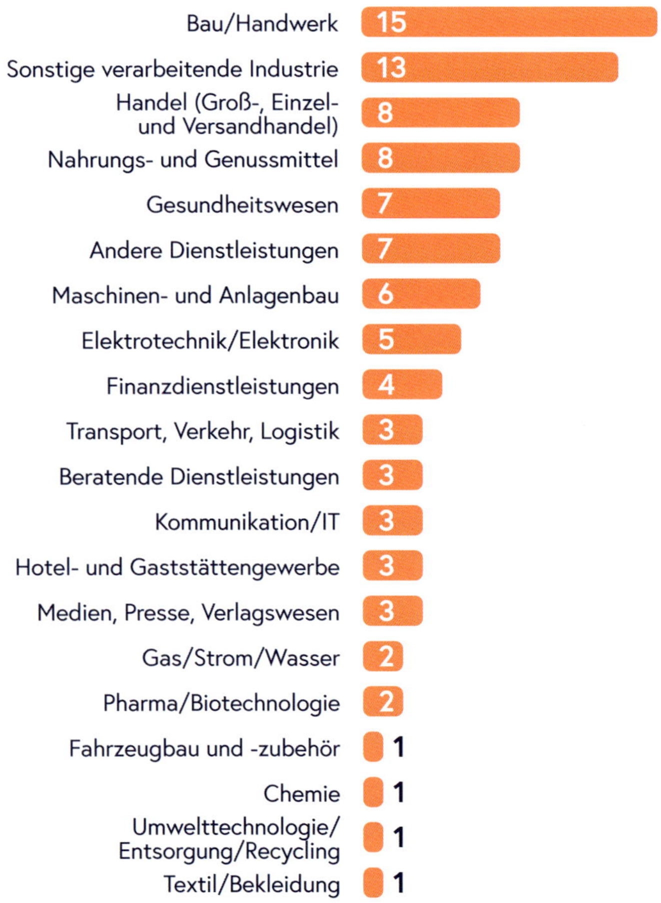

Quelle: Dialog Lebensversicherungs-AG, F.A.Z. BUSINESS MEDIA.

Funktion der interviewten bAV-Verantwortlichen (in %)

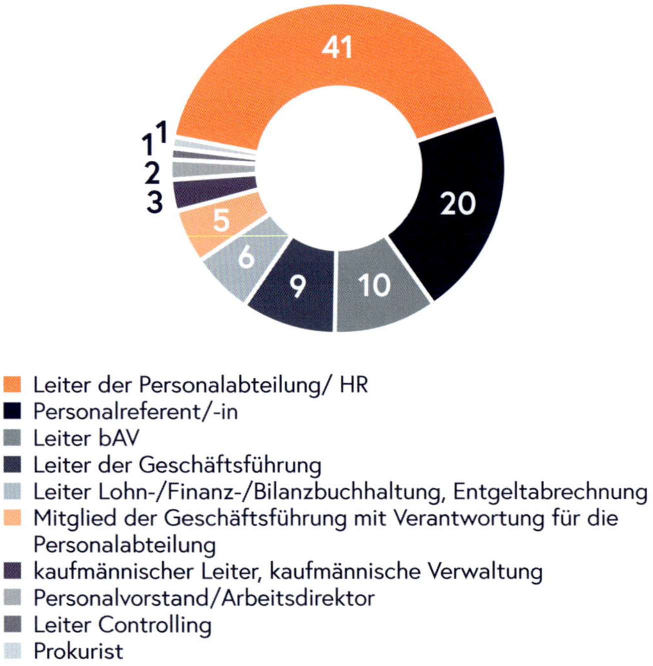

Quelle: Dialog Lebensversicherungs-AG, F.A.Z. BUSINESS MEDIA.

Größe der Unternehmen nach Mitarbeitern
(Anzahl der Mitarbeiter der befragten Unternehmen, in %)

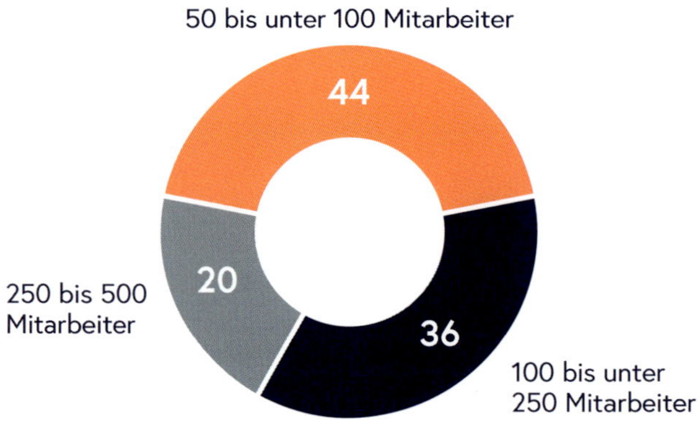

Quelle: Dialog Lebensversicherungs-AG, F.A.Z. BUSINESS MEDIA.

BEFRAGUNGSERGEBNISSE: MARKT

bAV im Mittelstand schrumpft

Die Marktdurchdringung der bAV im Mittelstand entwickelt sich rückläufig. Vor allem auf der Mitarbeiterebene verschärft sich der Vorsorgemangel. Rein arbeitnehmerfinanzierte Entgeltumwandlung stößt auf deutlich geringere Nachfrage als im Vorjahr, während die überwiegende Mehrheit der Betriebe gemischt finanzierte bAV-Modelle anbietet. Die Direktversicherung bleibt der am häufigsten nachgefragte Durchführungsweg. Auf branchen- und tarifvertragliche Lösungen sowie Pensionsfonds entfallen neue Höchstwerte.

In einem Jahr, in dem die betriebliche Altersversorgung auf der politischen Ebene lange im Schatten internationaler Ereignisse stand, erzielt auch die Marktdurchdringung der bAV-Angebote im Mittelstand nur schwache Ergebnisse. So weist der Anteil des Topmanagements, das mindestens ein bAV-Angebot nutzt, laut den Schätzungen der befragten Entscheider mit 50,3 Prozent den niedrigsten Wert in dieser Studienreihe seit deren Beginn im Jahr 2011 auf. Damals hatte der Vergleichswert 62,9 Prozent betragen. Noch im Vorjahr 2024 lag der Anteil des Topmanagements mit mindestens einem genutzten bAV-Angebot mit 53 Prozent um fast 3 Prozentpunkte über dem aktuellen Wert.

Auch der Anteil des mittleren Managements mit einer bAV sank im Vergleich zum Vorjahr auf ein Rekordtief innerhalb der Studienreihe – in diesem Fall von 45,1 Prozent auf 42,3 Prozent. Im langfristigen Mittel der in dieser Studienreihe betrachteten Jahre seit 2011 betrug die Marktdurchdringung im mittleren Management rund 50 Prozent. Davon sind die Betriebe derzeit weit entfernt.

Die übrigen Mitarbeiter mit mindestens einem genutzten bAV-Angebot weisen derzeit einen Anteil von 39,1 Prozent auf. Der liegt um gut 3 Prozentpunkte unter dem Vorjahreswert (42,4 Prozent) und ist ebenfalls geringer als der bisherige Tiefststand aus dem Jahr 2023 (39,8 Prozent). In diesem Personenkreis ist die Differenz zum langjährigen Mittelwert in der Studienreihe mit rund 44 Prozent nicht so groß wie im mittleren Management. Zugleich wird der Vorsorgebedarf auf Mitarbeiterebene immer größer.

Marktdurchdringung der bAV im Mittelstand geht zurück
(durchschnittliche Teilnahme an bAV in den Unternehmen; Schätzwerte in % der befragten bAV-Verantwortlichen[1])

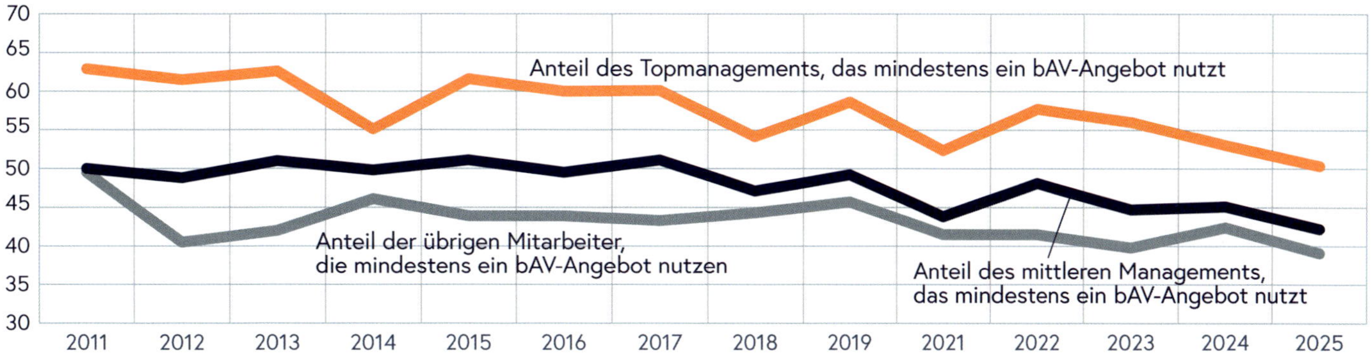

[1] Mehrfachnennungen möglich.

Quelle: Dialog Lebensversicherungs-AG, F.A.Z. BUSINESS MEDIA.

Kleinere Betriebe weisen die geringste Marktdurchdringung bei den Beschäftigten auf
(durchschnittliche Teilnahme an bAV in den Unternehmen; Schätzwerte in % der befragten bAV-Verantwortlichen, nach Mitarbeiteranzahl[1])

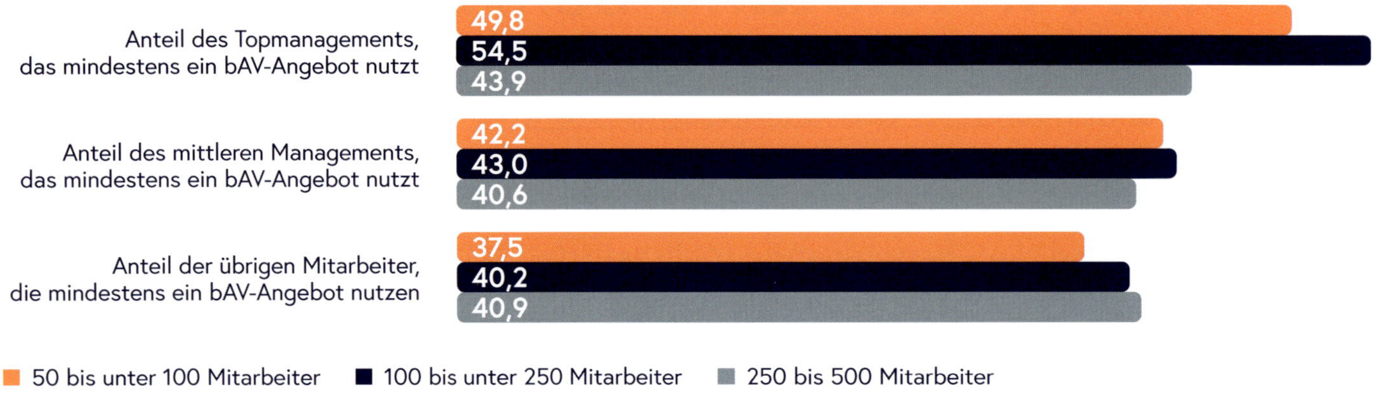

[1] Mehrfachnennungen möglich.

Quelle: Dialog Lebensversicherungs-AG, F.A.Z. BUSINESS MEDIA.

Schwache bAV-Versorgung auf Mitarbeiterebene

Die Detailanalyse zeigt, dass vor allem die übrigen Mitarbeiter in kleineren Betrieben mit 50 bis unter 100 Beschäftigten im Durchschnitt am schwächsten mit bAV-Produkten ausgestattet sind (37,5 Prozent). Mittlere Betriebe mit 100 bis unter 250 Beschäftigten und größere Betriebe mit 250 bis 500 Beschäftigten weisen mit 40,2 Prozent bzw. 40,9 Prozent tendenziell höhere Vergleichswerte auf. Dass die Unterschiede zwischen allen drei Betriebsgrößen relativ gering sind, macht den Nachholbedarf der Beschäftigten im gesamten Mittelstand bei der Altersversorgung umso sichtbarer.

Im Topmanagement und im mittleren Management weisen kleinere und mittlere Betriebe mit 50 bis unter 250 Beschäftigten eine höhere Marktdurchdringung als die größten Betriebe auf. Vor allem das Topmanagement in kleineren und mittleren Betrieben ist besser mit bAV versorgt. So beträgt die Marktdurchdringung in mittleren Betrieben 54,5 Prozent, in größeren Betrieben lediglich 43,9 Prozent – eine Differenz von 10,6 Prozentpunkten.

Kaum Nachfrage nach rein arbeitnehmerfinanzierten Modellen

Der Blick auf die Branchengruppen veranschaulicht ein gewisses Gefälle zwischen den besser versorgten Dienstleistern und der etwas schwächer versorgten Industrie. So beträgt der Anteil des Topmanagements mit einer bAV bei den Dienstleistern 52,1 Prozent gegenüber 48,9 Prozent in der Industrie. Größer ist der Unterschied im mittleren Management. Dort beträgt die Differenz zwischen Dienstleistungsbetrieben (45,2 Prozent) und der Industrie (39,6 Prozent) 5,6 Prozentpunkte. Bei den übrigen Mitarbeitern beläuft sich der Unterschied zwischen Dienstleistern (41,4 Prozent) und Industrie (37,2 Prozent) auf 4,2 Prozentpunkte.

Rückschlag für rein arbeitnehmerfinanzierte Entgeltumwandlung

Die Frage nach den angebotenen Finanzierungsformen für die betriebliche Altersversorgung knüpft beim gemischt arbeitgeber- und arbeitnehmerfinanzierten Anreizsystem an die Vergleichswerte des Vorjahres an. So geben 76 Prozent der Betriebe an, bAV-Modelle mit einem gemischt arbeitgeber- und arbeitnehmerfinanzierten Anreizsystem anzubieten (2024: 78 Prozent). Auf der Seite der rein arbeitgeberfinanzierten Betriebsrente beträgt der Anteil aktuell wie auch im Vorjahr 24 Prozent.

Dagegen weisen rein arbeitnehmerfinanzierte bAV-Modelle via Entgeltumwandlung mit 28 Prozent der Befragten einen deutlichen Rückgang gegenüber dem Vorjahr (34 Prozent) auf. Daraus lässt sich auch das

Verbreitung der Entgeltumwandlung sinkt auf Rekordtief
(angebotene Finanzierungsformen für bAV; in % der befragten bAV-Verantwortlichen[1])

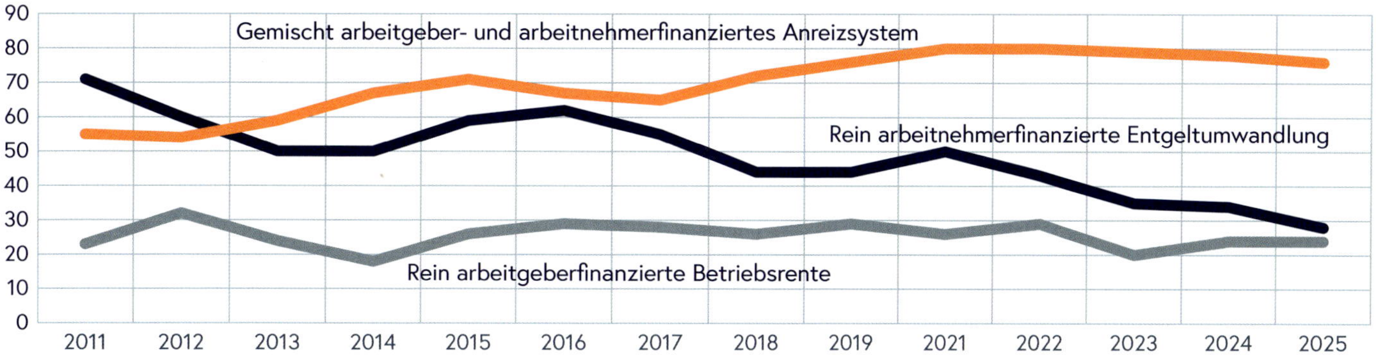

[1] Mehrfachnennungen möglich.

Quelle: Dialog Lebensversicherungs-AG, F.A.Z. BUSINESS MEDIA.

Kleinere und mittlere Betriebe weisen die höchsten Anteile an gemischt finanzierten bAV-Plänen auf (angebotene Finanzierungsformen für bAV; in % der befragten bAV-Verantwortlichen, nach Mitarbeiteranzahl[1])

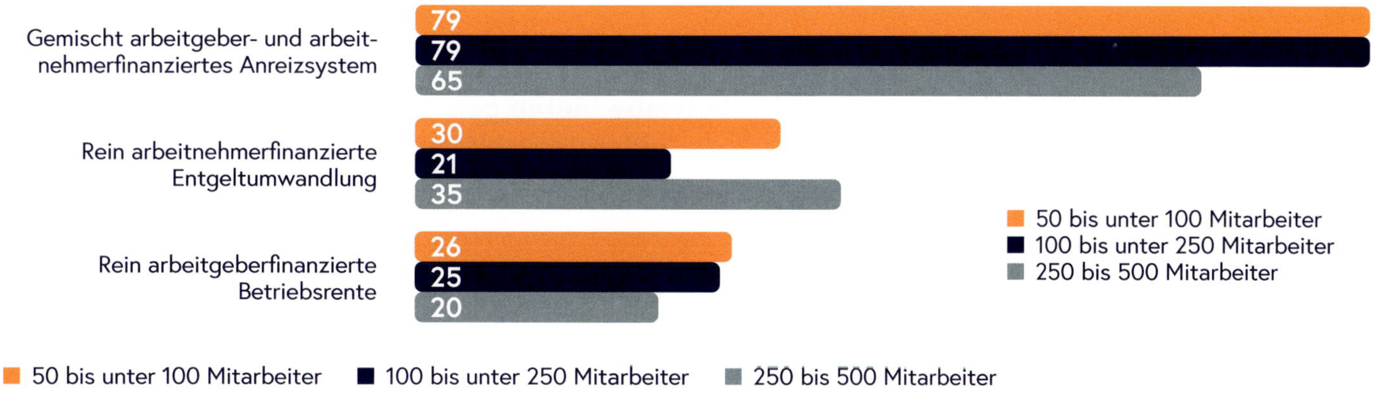

[1] Mehrfachnennungen möglich.

Quelle: Dialog Lebensversicherungs-AG, F.A.Z. BUSINESS MEDIA.

Ergebnis ableiten, dass der oben beschriebene Rückgang in der Marktdurchdringung der bAV im Mittelstand vor allem auf eine rückläufige Nachfrage nach rein arbeitnehmerfinanzierter Entgeltumwandlung zurückzuführen ist.

Tatsächlich weist diese Finanzierungsform in unserer Studienreihe seit 2011 einen fast dramatischen Rückgang auf. Laut der Befragung im ersten Jahr 2011 boten 71 Prozent der Betriebe eine rein arbeitnehmerfinanzierte Entgeltumwandlung an. Noch im Jahr 2021 betrug der Vergleichswert 50 Prozent, der sich jedoch bis heute fast halbiert hat. Somit sind bAV-Pläne mit einer reinen Arbeitnehmerfinanzierung in ihrer Verbreitung im Mittelstand fast auf das Niveau von rein arbeitgeberfinanzierten Betriebsrenten abgesunken. Gemischt finanzierte bAV-Modelle überwiegen im Markt.

Knapp acht von zehn Betrieben bieten gemischt finanzierte bAV-Modelle an

Laut der Detailanalyse liegen gemischt arbeitgeber- und arbeitnehmerfinanzierte Anreizsysteme in Unternehmen aller Größen jeweils mit deutlichen Mehrheitsnennungen an erster Stelle. Am höchsten ist der Anteil kleinerer und mittlerer Betriebe mit jeweils 79 Prozent bei dieser Finanzierungsform. Der Vergleichswert der größeren Betriebe liegt mit 65 Prozent deutlich dahinter. Dafür weisen die größeren Betriebe mit 35 Prozent den höchsten Wert bei rein arbeitnehmerfinanzierten bAV-Plänen über eine Entgeltumwandlung auf. Hier hängen kleinere (30 Prozent) und mittlere Betriebe (21 Prozent) tendenziell hinterher. Rein arbeitgeberfinanzierte Betriebsrentenmodelle finden sich hingegen tendenziell häufiger in kleineren (26 Prozent) und in mittleren Firmen (25 Prozent) als in größeren Unternehmen (20 Prozent).

Die Analyse der Befragungsergebnisse nach Branchengruppen weist weitgehend gleiche oder ähnliche Werte für die Industrie und für Dienstleister in den angebotenen Finanzierungsformen auf. So liegen die beiden Branchengruppen bei gemischt arbeitgeber- und arbeitnehmerfinanzierten Anreizsystemen mit jeweils 76 Prozent gleichauf. Auch in der Frage nach einer rein arbeitgeberfinanzierten Betriebsrente weisen Industrie und Dienstleistungsunternehmen mit 25 bzw. 24 Prozent fast gleiche Werte auf. Unterschiedlich sind hingegen die Anteile der Anbieter einer rein arbeitnehmerfinanzierten Entgeltumwandlung. 32 Prozent der Dienstleistungsunternehmen und 25 Prozent der Industrie stellen solche bAV-Pläne zur Verfügung.

So hoch der Einbruch bei der rein arbeitnehmerfinanzierten Entgeltumwandlung auch ist, so weist die arbeitnehmer- und arbeitgeberfinanzierte Entgeltumwandlung generell mit 92 Prozent aller befragten Betriebe weiterhin einen sehr hohen Wert auf. Auch in der Detailanalyse zeigen sich in den Ergebnissen für die Unternehmensgruppen, differenziert nach Beschäftigtenzahl bzw. nach Branchengruppen, ähnliche Werte in einer Spanne zwischen 90 und 94 Prozent.

Direktversicherung wird am häufigsten angeboten

Die Direktversicherung weist auch in der aktuellen Befragung den höchsten Anteil an Unternehmen auf, die sie ihren Beschäftigten anbieten. Mit 87 Prozent bleibt sie der am häufigsten angebotene Durch-

Drei Viertel der Industrie und Dienstleistungsbetriebe bieten gemischt finanzierte bAV-Pläne an
(angebotene Finanzierungsformen für bAV; in % der befragten bAV-Verantwortlichen, nach Branche[1])

1) Mehrfachnennungen möglich.

Quelle: Dialog Lebensversicherungs-AG, F.A.Z. BUSINESS MEDIA.

Mehr als neun von zehn Betrieben bieten Entgeltumwandlung an
(angebotene Entgeltumwandlung für bAV; in % der befragten bAV-Verantwortlichen[1])

1) Mehrfachnennungen möglich.

Quelle: Dialog Lebensversicherungs-AG, F.A.Z. BUSINESS MEDIA.

Pensionskassen zeigen sich erholt
(im Unternehmen existierende bAV-Durchführungswege und Modelle; in % der befragten bAV-Verantwortlichen[1])

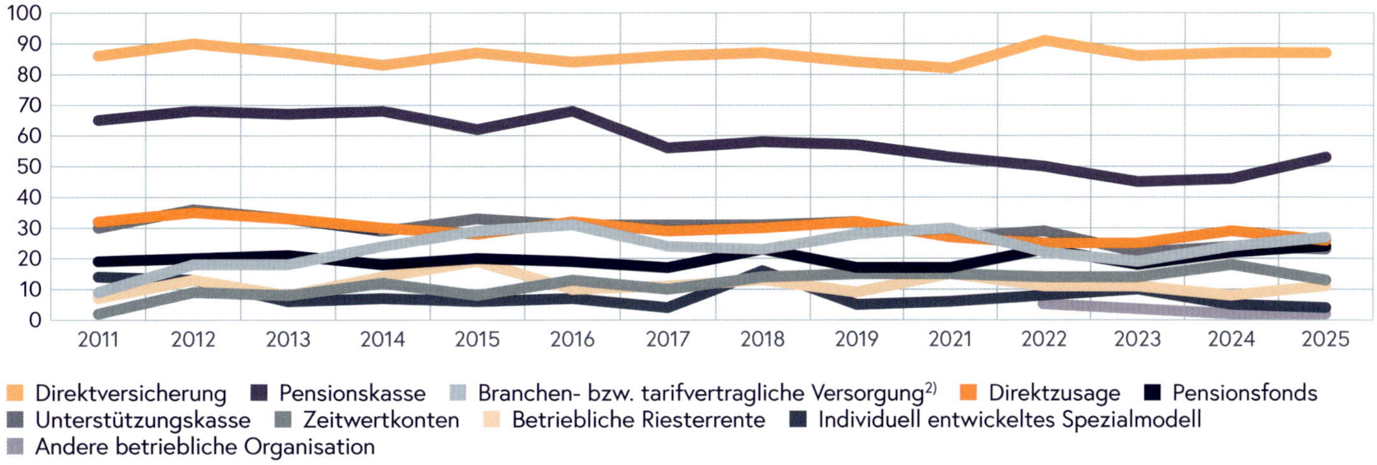

[1] Mehrfachnennungen möglich.
[2] Gruppenvertrag einer Berufsgenossenschaft/Gewerkschaft

Quelle: Dialog Lebensversicherungs-AG, F.A.Z. BUSINESS MEDIA.

führungsweg im Mittelstand. Sie bestätigt das hohe Niveau seit dem Beginn dieser Studienreihe im Jahr 2011 (damals 86 Prozent). Auf dem zweiten Platz liegt die Pensionskasse mit deutlich verbesserten 53 Prozent (2024: 46 Prozent). Es schließen sich branchen- bzw. tarifvertragliche Versorgungsmodelle dahinter an (27 Prozent). Auch dieser Wert ist gegenüber dem Vorjahr (24 Prozent) tendenziell verbessert.

Die Direktzusage hält mit 26 Prozent ihr Niveau aus den Vorjahren, auch wenn der Vergleichswert für 2024 mit 29 Prozent tendenziell höher war. Der Pensionsfonds, der jüngste Durchführungsweg in Deutschland, weist mit 24 Prozent seinen bislang höchsten Wert in dieser Studienreihe auf und zeigt sich auch gegenüber dem Vorjahr mit einem Plus von 2 Prozentpunkten leicht verbessert (22 Prozent). Dahinter folgt die Unterstützungskasse mit 23 Prozent. Sie kann in der Verbreitung bislang nicht mehr an das Niveau der Jahre bis 2022 anknüpfen.

Auf den hinteren Plätzen im Ranking finden sich Zeitwertkonten (13 Prozent), die betriebliche Riesterrente (11 Prozent), individuell entwickelte Spezialmodelle (4 Prozent) sowie andere betriebliche Organisationen der betrieblichen Altersversorgung (2 Prozent) wieder. Zu letzteren zählen beispielsweise Unternehmen, die Betriebsrenten aus ihrem Cashflow zahlen. Im Vorjahresvergleich haben sich vor allem Zeitwertkonten um 5 Prozentpunkte verschlechtert (2024: 18 Prozent).

Industrie und Dienstleister favorisieren unterschiedliche Durchführungswege

Laut der Detailanalyse nach Beschäftigtenzahl haben die Durchführungswege mit dem höchsten Verbreitungsgrad wie die Direktversicherung und die Pensionskasse tendenziell ähnliche Werte. So weisen die Betriebe, die ihren Beschäftigten eine bAV über eine Pensionskasse anbieten, nach Beschäftigtenzahl Anteile zwischen 51 und 55 Prozent auf. Bei der Direktversicherung ist die Spanne nach Beschäftigtenzahl zwischen 83 und 92 Prozent tendenziell größer. Anders sieht das bei Modellen der branchen- bzw. tarifvertraglichen Versorgung aus. Sie werden häufiger von größeren Betrieben angeboten (40 Prozent), aber nur von 25 Prozent der mittleren und von 22 Prozent der kleineren Betriebe. Ein umgekehrtes Bild bieten Pensionsfonds. Bei ihnen beläuft sich der Anteil der kleineren und mittleren Betriebe jeweils auf 26 Prozent, der der größeren Unternehmen auf 18 Prozent.

Pensionsfonds, Pensionskassen sowie branchen- und tarifvertragliche Versorgung werden häufiger angeboten.

Die Mehrzahl der Betriebe bietet eine Direktversicherung sowie eine Pensionskasse an
(ausgewählte bAV-Durchführungswege und Modelle, die im Unternehmen existieren; in % der befragten bAV-Verantwortlichen, nach Mitarbeiterzahl[1])

[1] Mehrfachnennungen möglich.
[2] Gruppenvertrag einer Berufsgenossenschaft/Gewerkschaft

Quelle: Dialog Lebensversicherungs-AG, F.A.Z. BUSINESS MEDIA.

Direktversicherung wird fast allen Industrieunternehmen angeboten
(ausgewählte bAV-Durchführungswege und Modelle, die im Unternehmen existieren; in % der befragten bAV-Verantwortlichen, nach Branche[1])

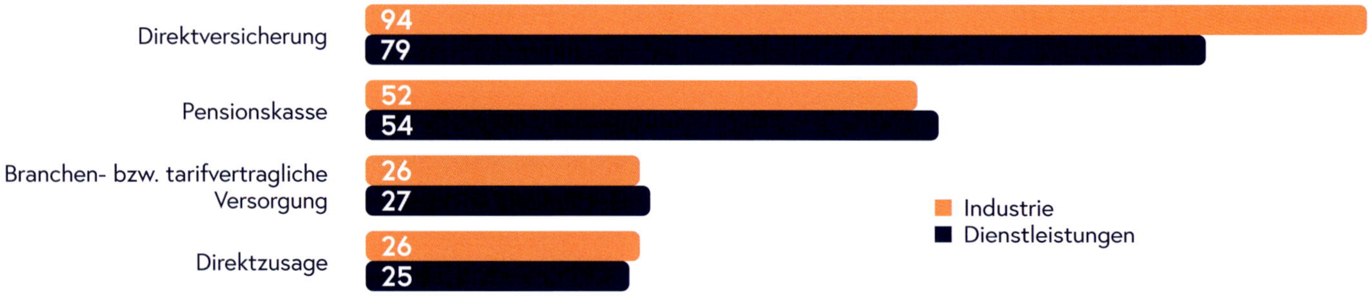

[1] Mehrfachnennungen möglich.
[2] Gruppenvertrag einer Berufsgenossenschaft/Gewerkschaft

Quelle: Dialog Lebensversicherungs-AG, F.A.Z. BUSINESS MEDIA.

Die Einzelanalyse nach Branchengruppen bietet bei der Pensionskasse (rund 53 Prozent), der branchen- bzw. tarifvertraglichen Versorgung (rund 27 Prozent) und bei der Direktzusage (rund 26 Prozent) jeweils ein ähnliches Bild für Industrie und Dienstleister. Anders sieht es bei der Direktversicherung aus. 94 Prozent der Industrieunternehmen haben diesen Durchführungsweg im Angebot, aber nur 79 Prozent der Dienstleister.

Die befragten Unternehmen bieten ihren Beschäftigten im Durchschnitt 2,7 Durchführungswege für die bAV an – und damit tendenziell mehr als im vergangenen Jahr (2,6). Am höchsten ist der Durchschnittswert für kleinere Betriebe mit 2,9 Durchführungswegen. Dahinter folgen größere Unternehmen mit 2,6 und mittlere Betriebe mit 2,5 Durchführungswegen im Durchschnitt. Somit zeigen sich gerade kleinere Betriebe beim bAV-Angebot engagiert. Im Branchenvergleich liegt die Industrie mit durchschnittlich 2,8 Durchführungswegen vor den Dienstleistern (2,6). Die bAV-Modelle nach den verschiedenen Finanzierungsformen – arbeitgeberfinanziert, arbeitnehmerfinanziert oder gemischt finanziert – liegen in einer Spanne zwischen 2,8 und 2,9 Durchführungswegen im Durchschnitt ebenfalls eng beieinander.

BEFRAGUNGSERGEBNISSE: TRENDS & THEMEN

Vorsorgebedarf erkannt, Lösung gesucht

Die überwiegende Mehrheit der Betriebe sieht gesellschaftlich in einem bAV-Obligatorium für Geringverdiener ein Hilfsmittel gegen Altersarmut. Einem erweiterten Zugang zum Sozialpartnermodell für Unternehmen stehen die meisten Arbeitgeber distanziert gegenüber. Die Beschäftigten im Mittelstand melden einen größeren Gesprächsbedarf ihrer Beschäftigen zu bAV-Themen an. Arbeitgeber sprechen sich für höhere steuerliche Förderung für die Altersversorgung von Geringverdienern aus. Ebenso finden mehr Informationen und höhere Arbeitgeberzuschüsse Zustimmung.

Kapitalgedeckte Vorsorge für den Lebensabend wird immer wichtiger, da die Lebenserwartung steigt, perspektivisch weniger Berufstätige in die gesetzliche Rentenkasse einzahlen und die Leistungen der gesetzlichen Rentenversicherung schon heute nicht üppig sind. Besonders hoch ist der Vorsorgebedarf für Personen, die ohnehin niedrige Einkommen beziehen. Deshalb legt diese Studie wie schon im vergangenen Jahr einen Fokus auf die Frage, inwieweit sich Arbeitgeber mit der Vorsorge von Personen mit niedrigen Einkommen beschäftigen und ihrerseits Initiative zeigen.

81 Prozent der befragten Betriebe stimmen der These zu, dass sich die Vorsorgesituation von Geringverdienern in der Privatwirtschaft ohne ein Obligatorium, also eine gesetzliche Pflicht zur bAV, nicht verbessern wird. Das bezieht sich sowohl auf die Marktdurchdringung der bAV als auch auf eine ausreichende Rentenhöhe bei Personen mit geringen Einkommen.

Die Detailanalyse zeigt, dass die Zustimmung zu dieser These in allen Einzelgruppen ähnlich hoch ist. Tendenziell stimmen kleinere Betriebe mit 50 bis unter 100 Beschäftigten (80 Prozent) und mittlere Betriebe mit 100 bis unter 250 Beschäftigten (85 Prozent) ihr in höherem Maße zu als größere Unternehmen mit 250 bis 500 Beschäftigten (75 Prozent).

Jeder zweite Betrieb schätzt bAV mit Hinterbliebenenversorgung als HR-Instrument

Insgesamt teilen 49 Prozent der Betriebe die Ansicht, Arbeitgeber im Mittelstand könnten durch ein gutes

Auskömmliche bAV für Geringverdiener lässt sich nur über Obligatorium realisieren
(Zustimmung zu Zukunftstrends; in % aller befragten bAV-Verantwortlichen[1])

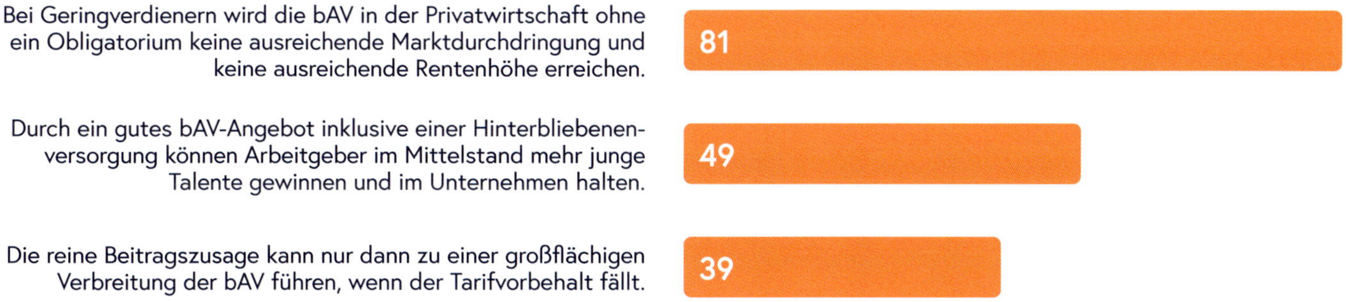

[1] Mehrfachnennungen möglich.

Quelle: Dialog Lebensversicherungs-AG, F.A.Z. BUSINESS MEDIA.

Jeder zweite Betrieb ist vom HR-Instrument bAV bei der Talentgewinnung überzeugt
(Zustimmung zu Zukunftstrends; in % aller befragten bAV-Verantwortlichen, nach Mitarbeiteranzahl[1])

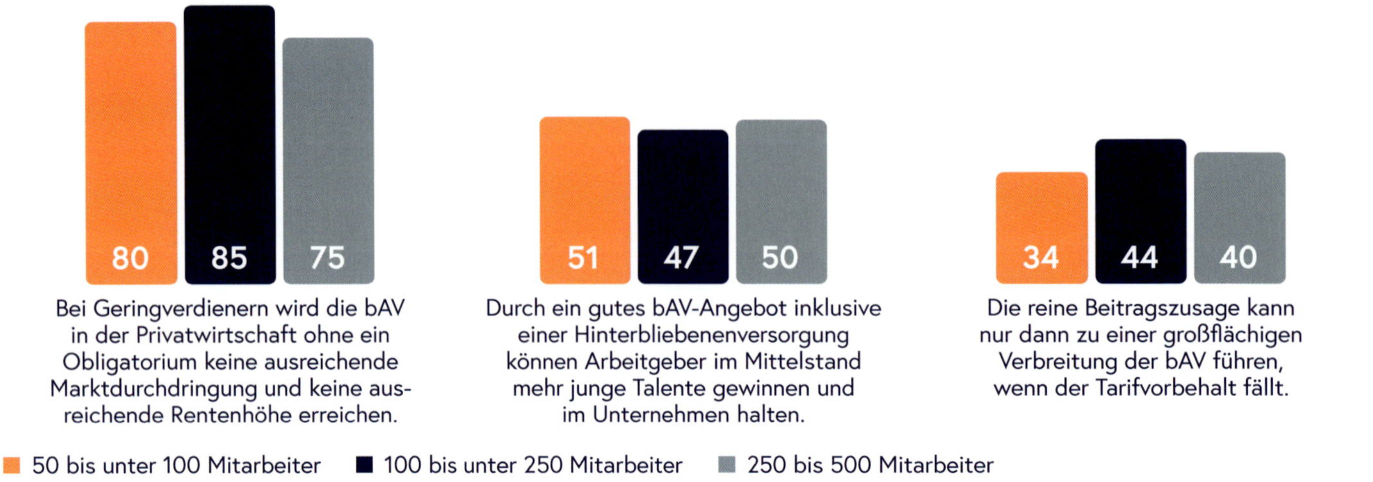

[1] Mehrfachnennungen möglich.

Quelle: Dialog Lebensversicherungs-AG, F.A.Z. BUSINESS MEDIA.

bAV-Angebot inklusive einer Hinterbliebenenversorgung mehr junge Talente gewinnen und im Unternehmen halten. In der Befragung vor einem Jahr erfuhr diese Frage eine vergleichbare Zustimmung in Höhe von 50 Prozent. Ähnlich wie bei der ersten Frage teilen auch hier die Befragten diesen Standpunkt laut der Detailanalyse in jeweils ähnlich hohem Maße. So bewegt sich die Zustimmung zu dieser Frage im Mittelstand, je nach Anzahl der Beschäftigten, in einer engen Spanne zwischen 47 und 51 Prozent. Ebenfalls tendenziell stimmen mehr Industrieunternehmen als Dienstleistungsbetriebe der These zu (53 versus 45 Prozent).

Besonders gering fällt der Anteil der Zustimmung zur Talentthese in den Betrieben aus, die eine rein arbeitnehmerfinanzierte Entgeltumwandlung anbieten. Offensichtlich machen diese Arbeitgeber die Erfahrung, dass ein bAV-Angebot allein weniger als HR-Instrument für die Talentgewinnung und -bindung ausreicht. Es braucht also auch eine attraktive Ausgestaltung des Vorsorgeangebots durch die Arbeitgeber, um eine positive Wirkung auf die Beschäftigten zu entfalten.

Die meisten Mittelständler können sich eine auskömmliche Altersversorgung für Geringverdiener nur über ein bAV-Obligatorium vorstellen.

Lediglich 39 Prozent der Betriebe stimmen der dritten These zu, nämlich der Aussage, die reine Beitragszusage könne der bAV nur dann bei einer großflächigen Verbreitung helfen, wenn der Tarifvorbehalt falle. Größere (40 Prozent) und mittlere Betriebe (44 Prozent) stimmen dieser Aussage eher zu als kleinere Betriebe (34 Prozent). Tendenziell sind auch mehr Dienstleister (41 Prozent) als Industrieunternehmen (37 Prozent) davon überzeugt, dass das Sozialpartnermodell und die reine Betragszusage eine regulatorische Öffnung benötigen, wie sie der Entwurf des zweiten Betriebsrentenstärkungsgesetzes vorsieht. Dadurch ließen sich auch Unternehmen, die nicht unmittelbar tarifvertraglich an einen Arbeitgeberverband gebunden sind, für eines der bestehenden Sozialpartnermodelle einer Branche gewinnen.

Größeres Interesse der Beschäftigten an bAV-Themen

Das Interesse und der Gesprächsbedarf der Beschäftigten bei der bAV sind in diesem Jahr im Vergleich zu 2024 deutlich gestiegen. So berichten mehr Betriebe bei praktisch allen abgefragten Gesprächsthemen rund um die bAV von Gesprächen zwischen den Beschäftigten und der Fachabteilung. In 95 Prozent der befragten Unternehmen mit 50 bis 500 Beschäftigten sprechen Mitarbeiter und Fachabteilung miteinander über die Betriebsrente. So berichten 70 Prozent der bAV-Experten, Beschäftigte im eigenen Betrieb fragten nach dem finanziellen Beitrag des Arbeitgebers zur bAV. Damit ist dieses Thema aktuell in mehr Betrieben präsent als vor einem Jahr (64 Prozent).

Im Detail zeigt sich, dass diese Nachfragen nach dem finanziellen Beitrag des Arbeitgebers zur bAV tendenziell umso höher sind, je größer die Unternehmen sind. So verzeichnen 73 Prozent der größeren Betriebe generelle Nachfragen der Beschäftigten zum finanziellen bAV-Beitrag des Arbeitgebers. In mittleren

Die bAV ist in praktisch jedem Betrieb ein Gesprächsthema zwischen Fachbereich und Beschäftigten (bAV-Themen, auf die die Mitarbeiter die befragten bAV-Verantwortlichen besonders ansprechen; in % der befragten bAV-Verantwortlichen[1])

[1] Mehrfachnennungen möglich.

Quelle: Dialog Lebensversicherungs-AG, F.A.Z. BUSINESS MEDIA.

In jedem zweiten Betrieb fragen die Beschäftigten nach individueller Beratung (ausgewählte bAV-Themen, auf die die Mitarbeiter die befragten bAV-Verantwortlichen besonders ansprechen; in % der befragten bAV-Verantwortlichen, nach Branche[1])

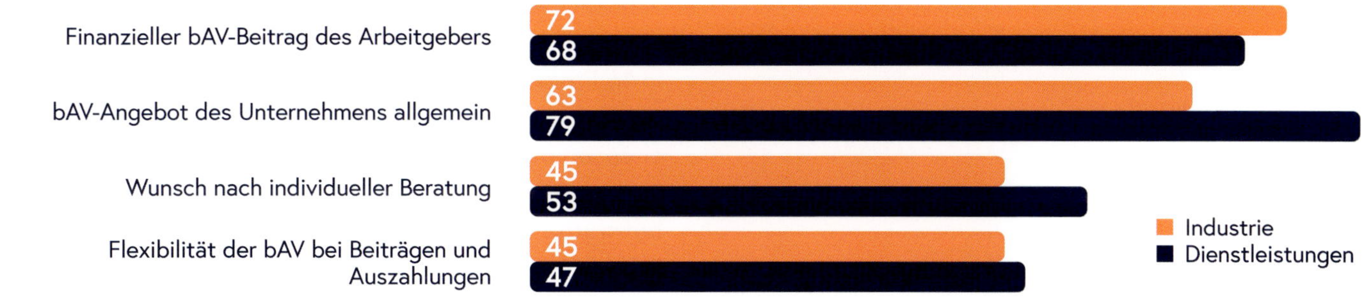

[1] Mehrfachnennungen möglich.

Quelle: Dialog Lebensversicherungs-AG, F.A.Z. BUSINESS MEDIA.

Nachfrage nach individueller Beratung ist in größeren Betrieben am höchsten
(ausgewählte bAV-Themen, auf die die Mitarbeiter die befragten bAV-Verantwortlichen besonders ansprechen; in % der befragten bAV-Verantwortlichen, nach Mitarbeiterzahl[1])

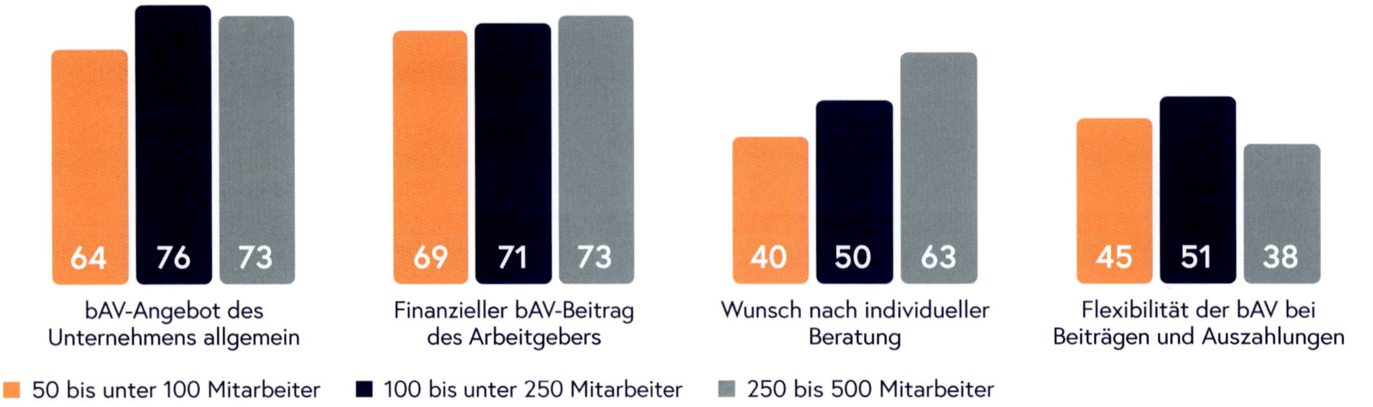

[1] Mehrfachnennungen möglich.

Quelle: Dialog Lebensversicherungs-AG, F.A.Z. BUSINESS MEDIA.

Betrieben sind es 71 Prozent, in kleineren Betrieben 69 Prozent. Der Vergleich zwischen den Branchenclustern ergibt bei dieser Frage geringere Differenzen: 72 Prozent der Industrie und 68 Prozent des Dienstleistungssektors.

70 Prozent der Betriebe geben an, dass ihre Beschäftigten allgemein nach dem bAV-Angebot des Arbeitgebers fragen. Auch hier liegt der aktuelle Wert über dem des Vergleichswerts des Vorjahres (60 Prozent). Im Detail wird häufiger in mittleren (76 Prozent) und in größeren Betrieben (73 Prozent) über das bAV-Angebot des Arbeitgebers gesprochen als in kleineren Betrieben (64 Prozent). Zudem berichten mehr Dienstleistungsbetriebe als Industrieunternehmen über ähnliche Anfragen (79 versus 63 Prozent). Auch in Betrieben mit gemischt arbeitgeber- und arbeitnehmerfinanzierten Anreizsystemen ist das bAV-Angebot des Arbeitgebers häufiger ein Gesprächsthema (74 Prozent).

Beschäftigte wollen von ihren Betrieben mehr Informationen zur Altersversorgung, auch wenn die Marktdurchdringung zurückgeht

Sozialpartnermodell wird in wenigen Betrieben thematisiert

Auf die anderen bAV-Themen, über die in mittelständischen Betrieben diskutiert wird, entfallen jeweils weniger als 50 Prozent der Befragten. So berichten 48 Prozent der bAV-Experten vom Wunsch der Beschäftigten nach einer individuellen Beratung. Fragen zur Flexibilität der bAV bei Beiträgen und Auszahlungen werden in 46 Prozent der Betriebe gestellt. An Relevanz gewinnen Gespräche über die Sicherheit der Anlage durch Garantieleistungen (44 Prozent nach 34 Prozent im Jahr 2024).

Über Gespräche zum flexiblen Übergang in die Rentenphase berichten 40 Prozent der Betriebe. Dahinter folgen die Absicherung des Todesfalls und des Invaliditätsrisikos sowie die Rendite der Anlage (jeweils 35 Prozent) und fehlendes verfügbares Geld für die Entgeltumwandlung (27 Prozent). Vor allem zur Absicherung des Todesfalls und des Invaliditätsrisikos und zur Rendite der Anlage vermelden mehr Befragte ein Interesse der Beschäftigten als im vergangenen Jahr (2024: 28 Prozent).

In 16 Prozent der Betriebe diskutieren Fachabteilung und Beschäftigte über langfristig bessere Renditechancen durch abgesenkte Garantie. An letzter Stelle liegt das Sozialpartnermodell. Nur 8 Prozent der befragten bAV-Experten berichten von innerbetrieblichen Gesprächen über das Sozialpartnermodell und die reine Beitragszusage. Die Detailanalyse weist keine Untergruppen der befragten Betriebe aus,

Steuerliche Förderung von Vorsorgeleistungen soll Vorsorgebedürftigen zugute kommen
(hilfreiche Maßnahmen des Arbeitgebers, um Beschäftigte mit besonders großem Vorsorgebedarf zu fördern; in % aller befragten bAV-Verantwortlichen[1])

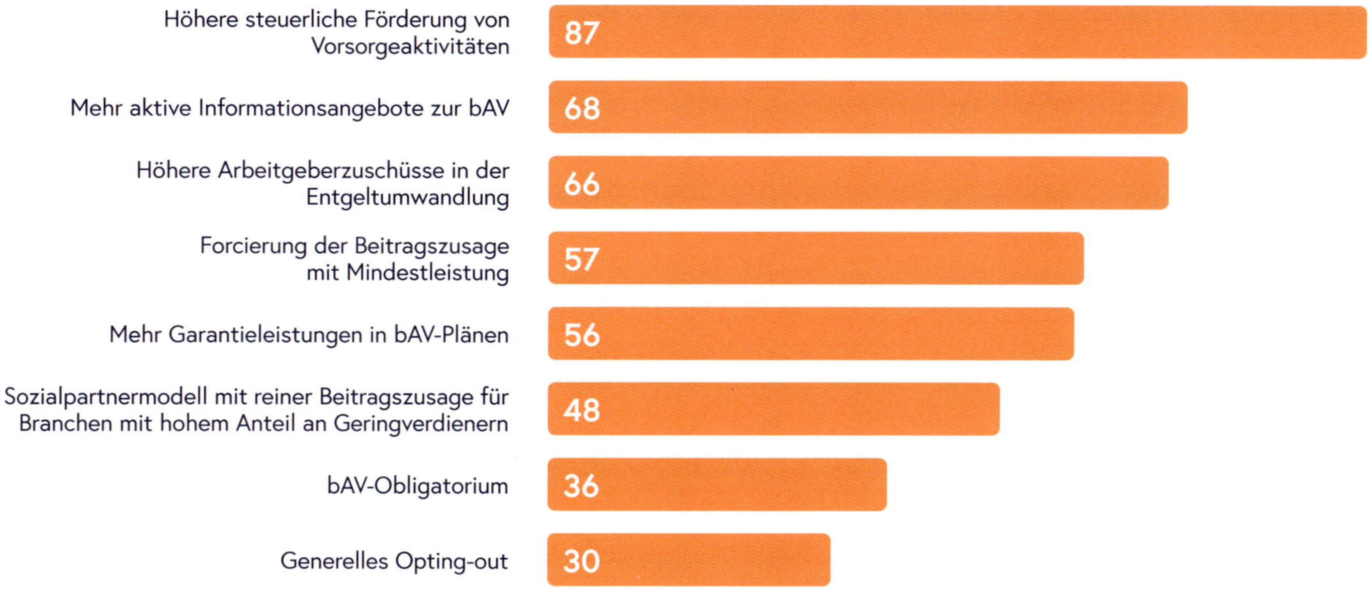

[1] Mehrfachnennungen möglich.

Quelle: Dialog Lebensversicherungs-AG, F.A.Z. BUSINESS MEDIA.

Je größer die Betriebe sind, desto höher ist ihre Befürwortung höherer Arbeitgeberzuschüsse in der Entgeltumwandlung
(hilfreiche Maßnahmen des Arbeitgebers, um Beschäftigte mit besonders großem Vorsorgebedarf zu fördern; in % aller befragten bAV-Verantwortlichen, nach Mitarbeiteranzahl[1])

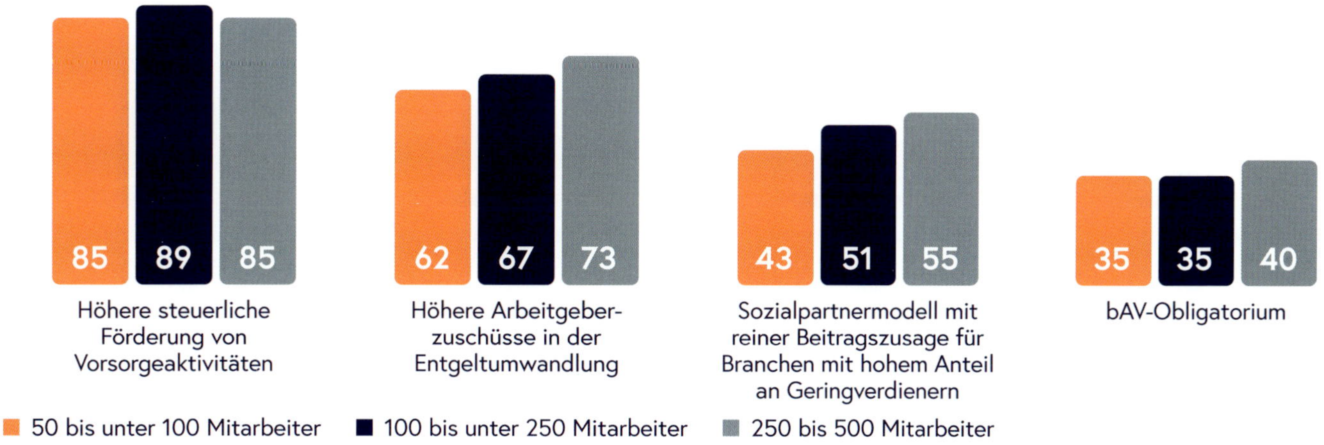

[1] Mehrfachnennungen möglich.

Quelle: Dialog Lebensversicherungs-AG, F.A.Z. BUSINESS MEDIA.

in denen tendenziell häufiger über das Sozialpartnermodell (SPM) gesprochen wird.

Höhere steuerliche Förderung für Vorsorgeaktivitäten

Um mehr Beschäftigte für zusätzliche Altersversorgung über die bAV zu motivieren, erkennen auch viele mittelständische Betriebe, dass es wichtig ist, gerade die Personen zu fördern, deren Vorsorgebedarf besonders groß ist. Auf die Frage, welche Maßnahmen durch den Arbeitgeber oder durch den Gesetzgeber besonders hilfreich wären, um die Altersversorgung bei Personengruppen mit großem Bedarf an Vorsorge und Risikoabsicherung zu steigern, verweisen 87 Prozent der Befragten auf eine höhere steuerliche Förderung von Vorsorgeaktivitäten. Die Detailanalyse zeigt hier eine breite Zustimmung über alle Einzelgruppen hinweg, das heißt die kleineren, mittleren und größeren Betriebe ebenso wie die Branchengruppen, also Industrie und Dienstleister.

68 Prozent aller befragten bAV-Experten sprechen sich für mehr aktive Informationsangebote zur bAV aus. 66 Prozent verweisen auf höhere Arbeitgeberzuschüsse in der Entgeltumwandlung. Solche Angebote stoßen tendenziell vor allem bei größeren Betrieben (73 Prozent) und bei Industrieunternehmen (68 Prozent) auf große Zustimmung.

57 Prozent empfehlen, die Beitragszusage mit Mindestleistung zu forcieren. 56 Prozent der Befragten nennen mehr Garantieleistungen in bAV-Plänen. Im Vergleich zum Vorjahr ist dieser Wert gesunken (2024: 64 Prozent). 48 Prozent sprechen sich an dieser Stelle für das Sozialpartnermodell mit reiner Beitragszusage für Branchen mit hohem Anteil an Geringverdienern aus. Vor einem Jahr betrug der Vergleichswert nur 35 Prozent. Im Detail zeigt sich, dass die Zustimmung zu dieser Lösung steigt, je größer die befragten Unternehmen sind. 55 Prozent der größeren Betriebe befürworten das Sozialpartnermodell als Lösung für die Altersversorgung von Geringverdienern. Auf der Seite der mittleren Betriebe beträgt der Anteil 51 Prozent, bei kleineren Betrieben 43 Prozent.

Daneben befürworten 36 Prozent von allen Betrieben, ein bAV-Obligatorium einzuführen, um die Vorsorgesituation von Geringverdienern zu verbessern. Hieran zeigt sich, dass die Betriebe zwar die Notwendigkeit entschlossener Maßnahmen für die Altersversorgung von Geringverdienern erkennen, aber vor den unklaren Folgen eines bAV-Obligatoriums zurückschrecken. Weitere 30 Prozent befürworten die Einführung eines generellen Opting-out.

Industrie befürwortet mehrheitlich Garantieleistungen, Dienstleister favorisieren SPM
(hilfreiche Maßnahmen des Arbeitgebers, um Beschäftigte mit besonders großem Vorsorgebedarf zu fördern; in % aller befragten bAV-Verantwortlichen, nach Branche[1])

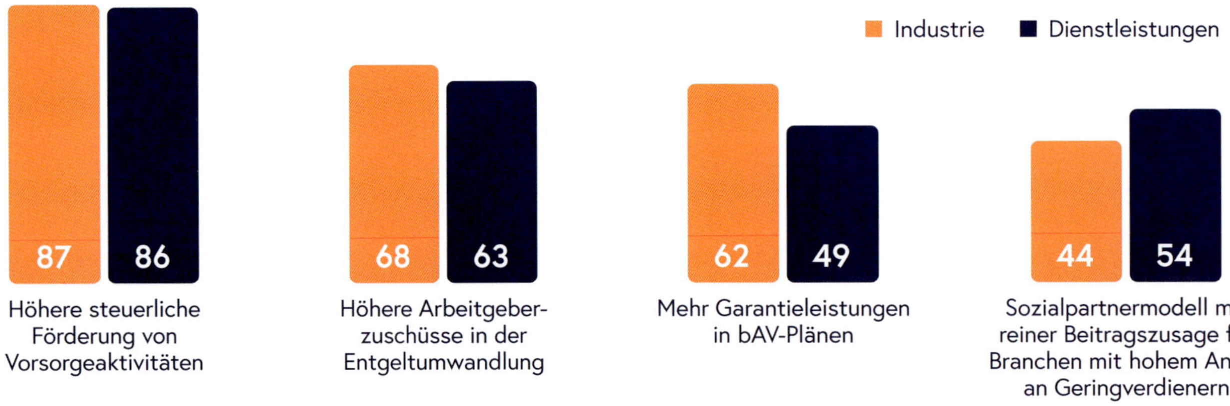

[1] Mehrfachnennungen möglich.

Quelle: Dialog Lebensversicherungs-AG, F.A.Z. BUSINESS MEDIA.

Die meisten Betriebe sprechen sich für BZML aus
(Zustimmung zur Beitragszusage mit Mindestleistung als hilfreiche Maßnahme des Arbeitgebers, um Beschäftigte mit besonders großem Vorsorgebedarf zu fördern; in % aller befragten bAV-Verantwortlichen, nach Finanzierungsform[1])

[1] Mehrfachnennungen möglich.

Quelle: Dialog Lebensversicherungs-AG, F.A.Z. BUSINESS MEDIA.

BEFRAGUNGSERGEBNISSE: ANBIETER

Neun von zehn Betrieben kooperieren mit Versicherern

90 Prozent der Betriebe setzen auf Versicherer als Kooperationspartner, wobei die meisten noch mit weiteren Dienstleistern zusammenarbeiten. Fast jeder zweite Betrieb setzt auf Versicherungsmakler. Der Mittelstand wählt bAV-Dienstleister vor allem nach den Kriterien Kooperationspraxis, Produkte und Services aus. Davon erhoffen sich die Betriebe zuerst eine vereinfachte bAV-Verwaltung, aber auch die Aspekte Sicherheit in der Kapitalanlage und hohe Renditen werden wichtiger. Bei den Services liegt der Fokus der Kunden auf Transparenz und Überprüfbarkeit.

Neun von zehn mittelständischen Betrieben arbeiten in der bAV mit Versicherungsunternehmen zusammen. Das ist der bislang höchste Antwortwert bei dieser Frage nach Kooperationspartnern seit dem Beginn der Studienreihe im Jahr 2011. Dabei nutzen alle Unternehmensgruppen nach Anzahl der Beschäftigten Versicherungsgesellschaften in ähnlich hohem Maße: 90 Prozent der kleineren Betriebe mit 50 bis unter 100 Mitarbeitern, 92 Prozent der mittleren Betriebe mit 100 bis unter 250 Beschäftigten und 85 Prozent der größeren Betriebe mit 250 bis 500 Mitarbeitern. Ähnlich nah beieinander liegen die Branchengruppen: 91 Prozent der Industrieunternehmen und 88 Prozent der Dienstleistungsgesellschaften. Von den 90 Prozent der Betriebe, die mit Versicherungen kooperieren, setzen lediglich 19 Prozent in der bAV allein auf die Assekuranz. Die überwiegende Zahl der Mittelständler nutzt daneben noch mindestens einen weiteren Kooperationspartner (80 Prozent). So setzt jeweils rund die Hälfte der Betriebe, die mit einer Versicherungsgesellschaft zusammenarbeiten, gleichzeitig auf Versicherungsmakler sowie auf Pensionskassen als Dienstleister. Rund jeder vierte Betrieb kooperiert zugleich mit einem Versicherer und mit einem branchen- bzw. tarifvertraglichen Versorgungswerk.

Neun von zehn Betrieben kooperieren mit einer Versicherungsgesellschaft
(Kooperationen mit bAV-Anbietern und Dienstleistern; in % der befragten bAV-Verantwortlichen[1])

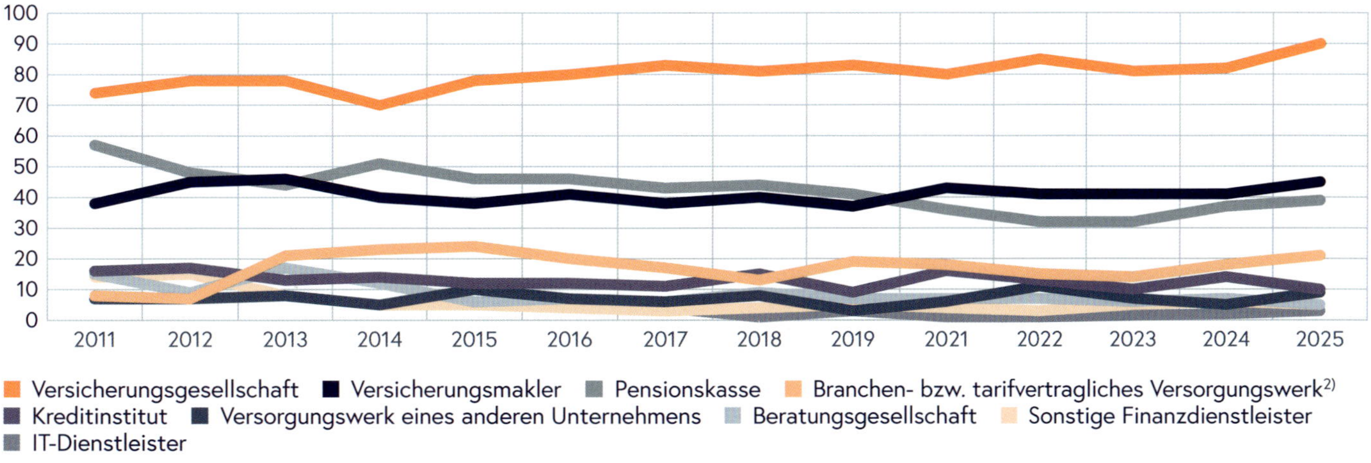

[1] Mehrfachnennungen möglich.
[2] In den Jahren 2011 und 2012: Berufsgenossenschaft bzw. Gewerkschaft.

Quelle: Dialog Lebensversicherungs-AG, F.A.Z. BUSINESS MEDIA.

Je größer die Betriebe, desto häufiger kooperieren sie mit Pensionskassen
(ausgewählte aktuelle Kooperationen mit bAV-Anbietern und Dienstleistern; in % der befragten bAV-Verantwortlichen, nach Mitarbeiteranzahl[1])

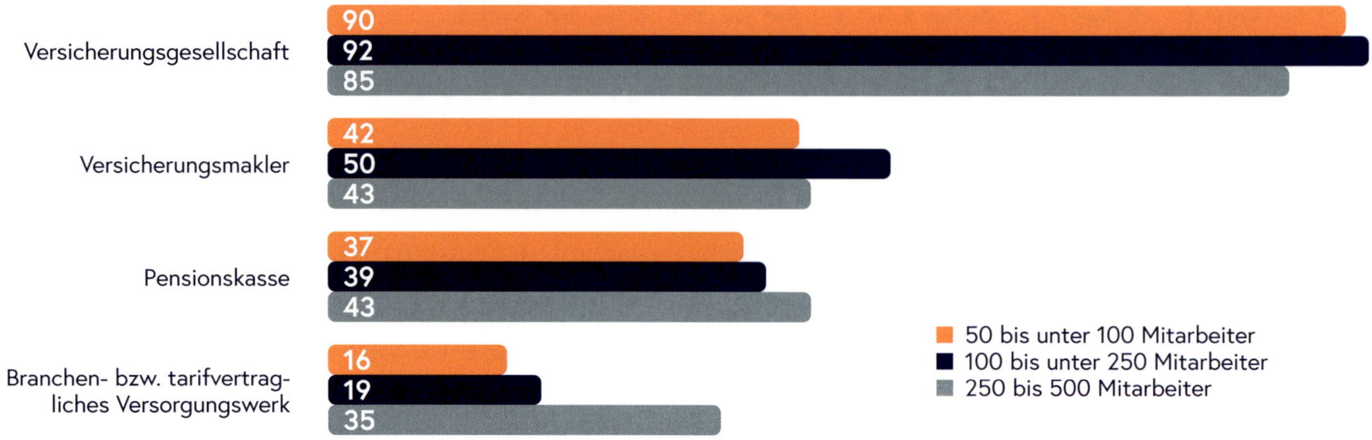

[1] Mehrfachnennungen möglich.

Quelle: Dialog Lebensversicherungs-AG, F.A.Z. BUSINESS MEDIA.

Banken werden für Industrie relevanter
(ausgewählte aktuelle Kooperationen mit bAV-Anbietern und Dienstleistern; in % der befragten bAV-Verantwortlichen, nach Branche[1])

[1] Mehrfachnennungen möglich.

Quelle: Dialog Lebensversicherungs-AG, F.A.Z. BUSINESS MEDIA.

Fast jeder zweite Mittelständler kooperiert mit Maklern

Generell und unabhängig von der Kooperation mit Versicherern nutzen 45 Prozent der Betriebe Versicherungsmakler beim Thema bAV. Das ist ein tendenzieller Zuwachs um 4 Prozentpunkte gegenüber dem Vorjahr (2024: 41 Prozent) und zugleich der höchste Wert für Makler in dieser Studienreihe in den zurückliegenden zehn Jahren. Die Detailanalyse zeigt, dass Betriebe aller Größenordnungen und Branchengruppen in ähnlich hohem Maße mit Versicherungsmaklern kooperieren – die Spanne reicht von 42 bis 50 Prozent. An dritter Stelle folgen Pensionskassen als Kooperationspartner mit erneut verbesserten 39 Prozent. Tendenziell steigt die Zahl der Betriebe, die mit Pensionskassen zusammenarbeiten, mit der Anzahl ihrer Beschäftigten. So geben 37 Prozent der kleineren Betriebe an, Pensionskassen als bAV-Provider zu nutzen. In mittleren Betrieben sind es mit 39 Prozent und in größeren Betrieben mit 43 Prozent tendenziell mehr. Dienstleister liegen mit 41 Prozent vor der Industrie (37 Prozent).

Dahinter folgen branchen- bzw. tarifvertragliche Versorgungswerke mit verbesserten 21 Prozent, Kreditinstitute mit verschlechterten 10 Prozent, Versorgungswerke anderer Unternehmen mit verbesserten 9 Prozent, Beratungsgesellschaften und sonstige Finanzdienstleister mit jeweils 5 Prozent sowie IT-Dienstleister mit 3 Prozent. Vor allem bei branchen- bzw. tarifvertraglichen Versorgungswerken zeigt sich, dass sie umso häufiger als bAV-Dienstleister genutzt werden, je größer die Betriebe sind. So geben 35 Prozent der größeren Unternehmen, 19 Prozent der mittleren und 16 Prozent der kleineren Betriebe sie als Kooperationspartner an.

Kooperationspraxis, Produkte und Services geben den Ausschlag für bAV-Dienstleister

90 Prozent

der Betriebe kooperieren bei der bAV mit Versicherern, 45 Prozent zudem mit Versicherungsmaklern.

Die neue Befragung bestätigt ein Ergebnis, das sich in dieser Studienreihe seit Jahren abzeichnet. So richten sich die meisten Mittelständler bei ihrer Wahl der bAV-Anbieter und -Dienstleister nach drei Kriterien: einer langjährigen traditionellen Kooperation mit den Partnern (66 Prozent), überzeugenden Produkten (62 Prozent) und überzeugenden Services (58 Prozent). In diesem Jahr fallen die Nennungen der drei Kriterien sogar höher aus als im Vorjahr. Die Detailanalyse nach Mitarbeiterzahl und Branchengruppen weist bei den drei Kriterien relativ ähnliche Werte für die Einzelgruppen auf. Eine Ausnahme sind die Einzelergebnisse nach Finanzierungsform. Dabei weisen Betriebe mit gemischt arbeitgeber- und arbeitnehmerfinanzierten Anreizsystemen für die Kriterien Kooperation, Produkte und Services höhere Wert als Betriebe mit rein arbeitgeber- oder arbeitnehmerfinanzierten Modellen auf.

Auf die anderen Entscheidungskriterien für die Auswahl von bAV-Dienstleistern entfallen deutlich weniger Nennungen. So führen 17 Prozent der Befragten die Bereitstellung digitaler Schnittstellen und Prozesse an – ein Zuwachs um 4 Prozentpunkte im Vergleich zum Vorjahr (2024: 13 Prozent). 11 Prozent der befragten bAV-Experten verweisen auf Versorgungswerke im eigenen Unternehmen. Jeweils 10 Prozent führen Empfehlungen anderer Unternehmen und obligatorische Angebote von Branchen-, Berufs- bzw. Wirtschaftsverbänden an. 8 Prozent nennen freiwillige Angebote von Berufs- und Wirtschaftsverbänden bzw. Tarifparteien.

Im Einzelnen zeigt sich, dass kleinere (17 Prozent) und mittlere Betriebe (21 Prozent) tendenziell häufiger als größere Unternehmen (13 Prozent) bei der Auswahl von bAV-Dienstleistern auf die Bereitstellung digitaler Schnittstellen und Prozesse achten. Umgekehrt verweisen deutlich mehr größere Unternehmen (20 Prozent) als kleinere (10 Prozent) und mittlere Betriebe (8 Prozent) auf die Existenz eines Versorgungswerks im eigenen Unternehmen. Vergleichbar verhält es sich mit dem Verweis auf ein obligatori-

Rund zwei Drittel der Betriebe setzen auf langjährige Kooperation, überzeugende Produkte und Services (ausschlaggebende Gründe für die Wahl der aktuellen bAV-Anbieter bzw. -Dienstleister; in % der befragten bAV-Verantwortlichen[1])

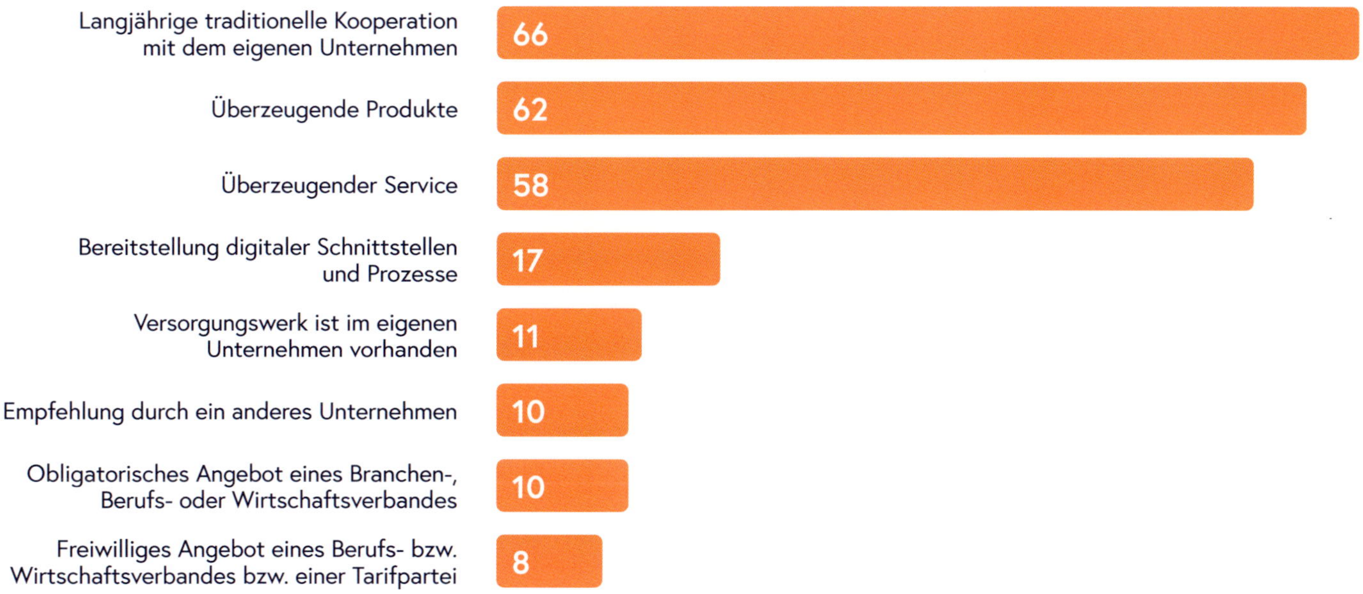

[1] Mehrfachnennungen möglich.

Quelle: Dialog Lebensversicherungs-AG, F.A.Z. BUSINESS MEDIA.

95 Prozent
erwarten von ihren bAV-Dienstleistern eine einfache Verwaltung der bAV-Modelle.

sches Angebot eines Branchen-, Berufs- oder Wirtschaftsverbandes: 25 Prozent größere, 4 Prozent mittlere und 9 Prozent kleinere Betriebe.

Dienstleister sollen die bAV-Verwaltung vereinfachen

Auf die Frage, welche Eigenschaften dem Unternehmen bei der Auswahl von bAV-Produkten sehr wichtig bzw. wichtig sind, nennen 95 Prozent der bAV-Entscheider eine einfache Verwaltung. Allein 78 Prozent davon stufen das Kriterium als sehr relevant ein. 92 Prozent der Befragten nennen eine hohe Sicherheit der Kapitalanlage, 87 Prozent halten eine hohe Rendite für sehr wichtig bzw. wichtig. Nur diese drei zuerst genannten Eigenschaften sind jeweils einer Mehrheit der Betriebe sehr wichtig. In der Detailanalyse nach Mitarbeiterzahlen und Branchengruppen zeigen sich bei ihnen keine relevanten Abweichungen der Antworten in den Teilgruppen voneinander.

83 Prozent der Befragten erachten mehrere Auszahlungsoptionen für sehr wichtig bzw. wichtig. 77 Prozent von ihnen heben die Relevanz eines flexiblen Übergangs in die Rentenphase als Auswahlkriterium hervor. Ebenso nennen sie die Ausrichtung der bAV-Produkte auf Personen mit besonders großem Versorgungsbedarf sowie ein variables Beitragsmodell (jeweils 76 Prozent sehr wichtig bzw. wichtig). Knapp zwei Drittel der Befragten halten eine höhere Renditeaussicht durch eine variable Garantiehöhe aufgrund einer selbstbestimmten Gewichtung von Sicherheit und Chance für sehr wichtig bzw. wichtig. Am Ende stehen hybride Produkte (41 Prozent sehr wichtig bzw. wichtig). Diese umfassen die gemischte Investition in unterschiedliche Anlageformen, bei der das Unternehmen die Form der Kapitalanlage mitbestimmen kann.

In der Detailanalyse fallen einzelne Ergebnisse auf. So ist vor allem kleineren (80 Prozent) und mittleren Betrieben (81 Prozent) ein flexibler Übergang in die Rentenphase sehr wichtig bzw. wichtig. Bei den größeren Betriebe fällt der Vergleichswert mit 63 Prozent geringer aus. Ebenso ist die Ausrichtung der bAV-Produkte auf Personen mit besonders großem Vorsorgebedarf kleineren (79 Prozent) und mittleren (75 Prozent) Betrieben wichtiger als größeren (70 Prozent).

Fokus auf transparente überprüfbare Services

Bei den Services des aktuellen bAV-Anbieters, die den Betrieben sehr wichtig bzw. wichtig sind, schreiben die

In jedem vierten größeren Betrieb liegt ein obligatorisches Tarifmodell für bAV vor
(ausgewählte ausschlaggebende Gründe für die Wahl der aktuellen bAV-Anbieter bzw. -Dienstleister; in % der befragten bAV-Verantwortlichen, nach Mitarbeiteranzahl[1])

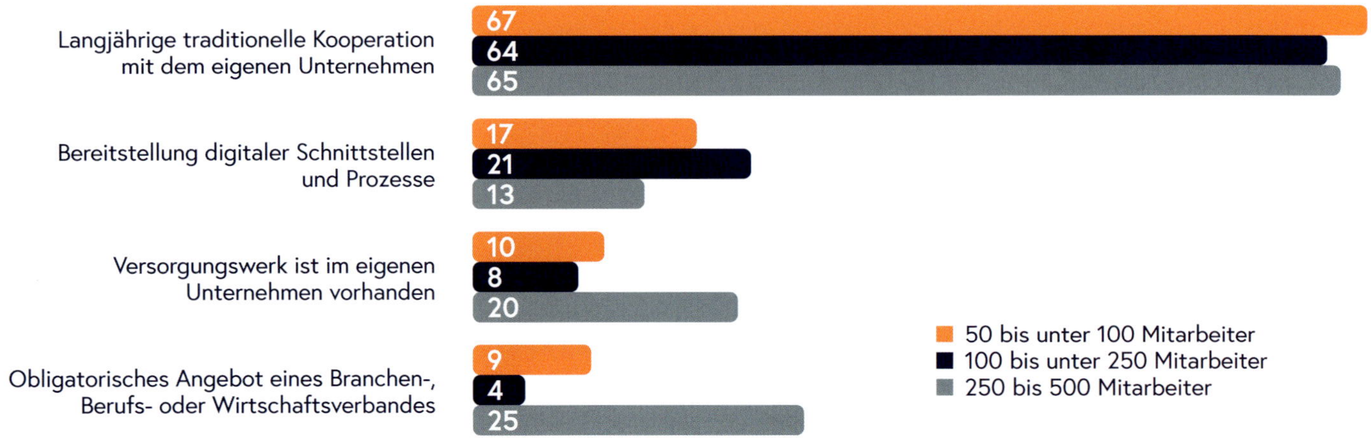

[1] Mehrfachnennungen möglich.

Quelle: Dialog Lebensversicherungs-AG, F.A.Z. BUSINESS MEDIA.

Für 95 Prozent der Mittelständler ist eine einfache Verwaltung der bAV wichtig
(Eigenschaften, die dem Unternehmen bei der Auswahl von bAV-Produkten wichtig sind; in % der befragten bAV-Verantwortlichen)

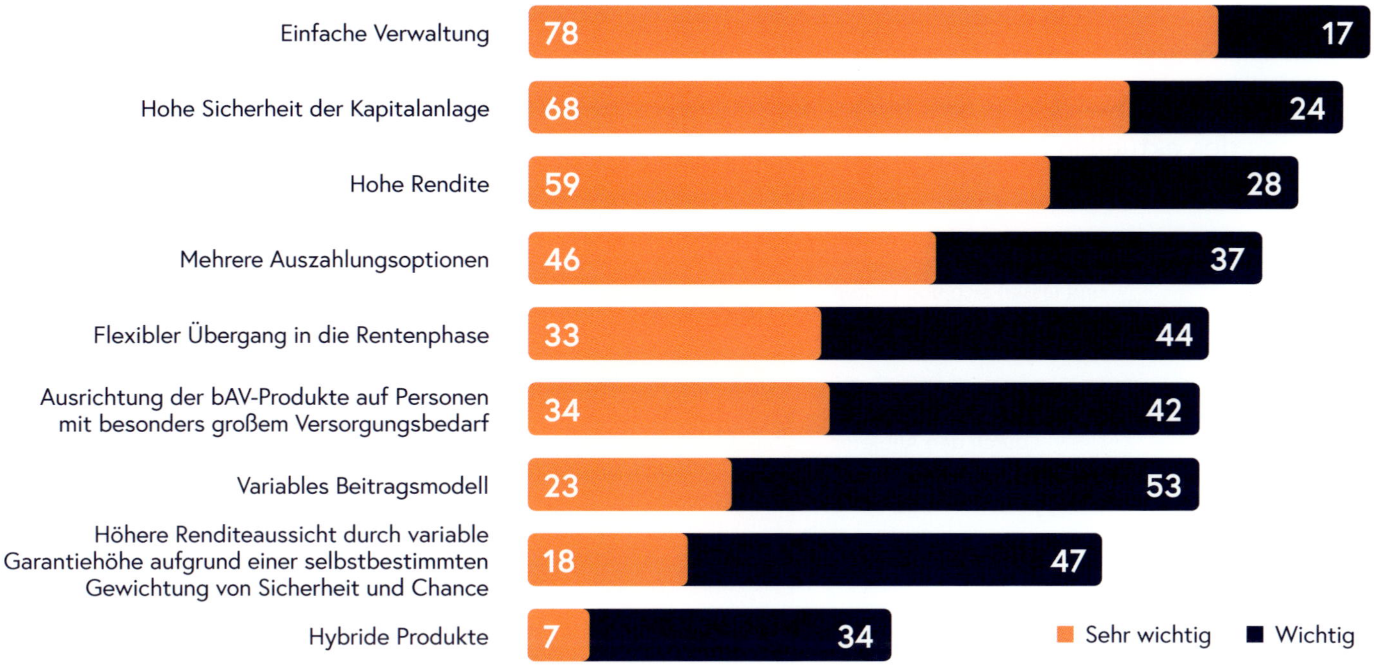

Quelle: Dialog Lebensversicherungs-AG, F.A.Z. BUSINESS MEDIA.

Kleinere Betriebe achten mehr auf Personen mit großem Vorsorgebedarf
(sehr große bzw. große Relevanz der ausgewählten Eigenschaften, die dem Unternehmen bei der Auswahl von bAV-Produkten wichtig sind; in % der befragten bAV-Verantwortlichen, nach Mitarbeiteranzahl)

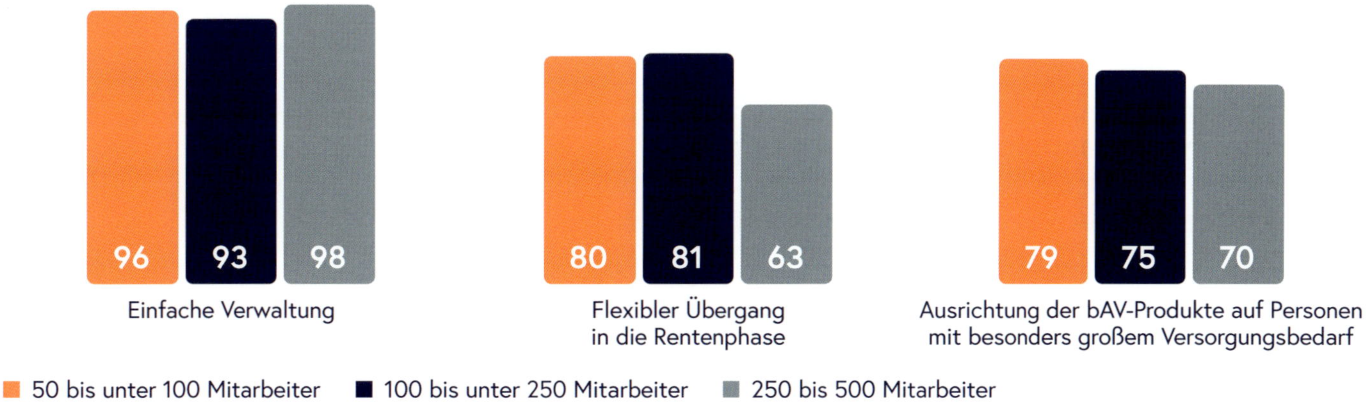

Quelle: Dialog Lebensversicherungs-AG, F.A.Z. BUSINESS MEDIA.

Befragten der Transparenz und Überprüfbarkeit der erbrachten Leistungen die größte Relevanz zu (94 Prozent sehr wichtig bzw. wichtig). An zweiter Stelle folgt der feste Ansprechpartner für das eigene Unternehmen (90 Prozent sehr wichtig bzw. wichtig). 67 Prozent der Befragten ist ein fester Ansprechpartner sogar sehr wichtig. Die komplette administrative Abwicklung der bAV durch den Anbieter erachten 85 Prozent der Befragten für einen sehr wichtigen bzw. wichtigen Service. 84 Prozent halten eine individuelle Beratung jedes Arbeitnehmers für sehr relevant bzw. relevant, davon allein 51 Prozent für sehr relevant.

Dahinter folgen die Services Online-Portal für die bAV-Administration des Arbeitgebers (75 Prozent sehr wichtig bzw. wichtig), digitale Schnittstellen über ein

Online-Portal für den Arbeitgeber (74 Prozent) bzw. den Arbeitnehmer (71 Prozent), digitale und analoge Schulungen und Informationen durch bAV-Anbieter im Unternehmen (65 Prozent) und flexible Arbeitszeitmodelle (60 Prozent). Die Detailanalyse nach Anzahl der Beschäftigten verrät, dass die einzelnen Gruppen nach Mitarbeiterzahl und nach Branchengruppen bei den einzelnen Services ähnliche Schwerpunkte setzen.

Administrative Abwicklung und Beratung gewinnen an Relevanz
(Services des aktuellen bAV-Anbieters, die den Befragten wichtig sind; in % der befragten bAV-Verantwortlichen)

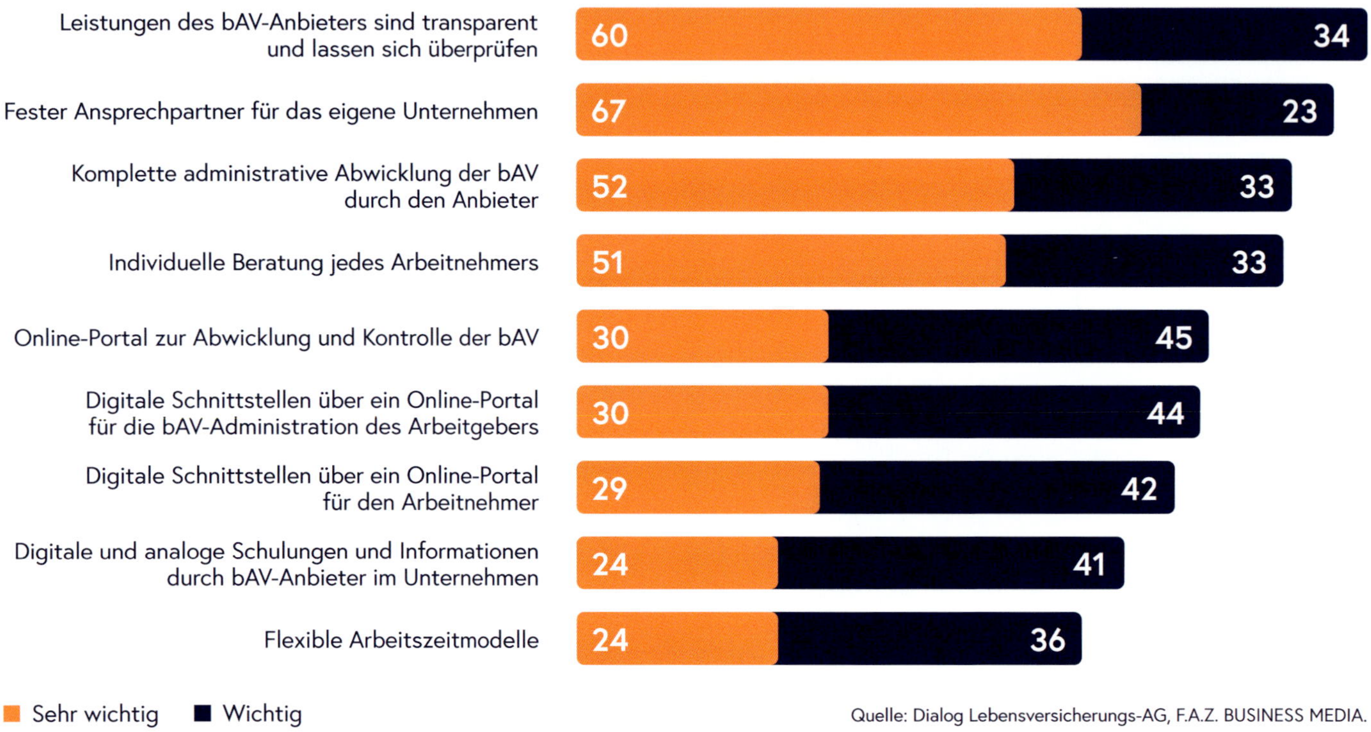

Quelle: Dialog Lebensversicherungs-AG, F.A.Z. BUSINESS MEDIA.

Größere Betriebe wünschen festen Ansprechpartner, kleinere Betriebe favorisieren administrative Entlastung und Online-Lösungen
(Services des aktuellen bAV-Anbieters, die den Befragten sehr wichtig bzw. wichtig sind; in % der befragten bAV-Verantwortlichen, nach Mitarbeiteranzahl)

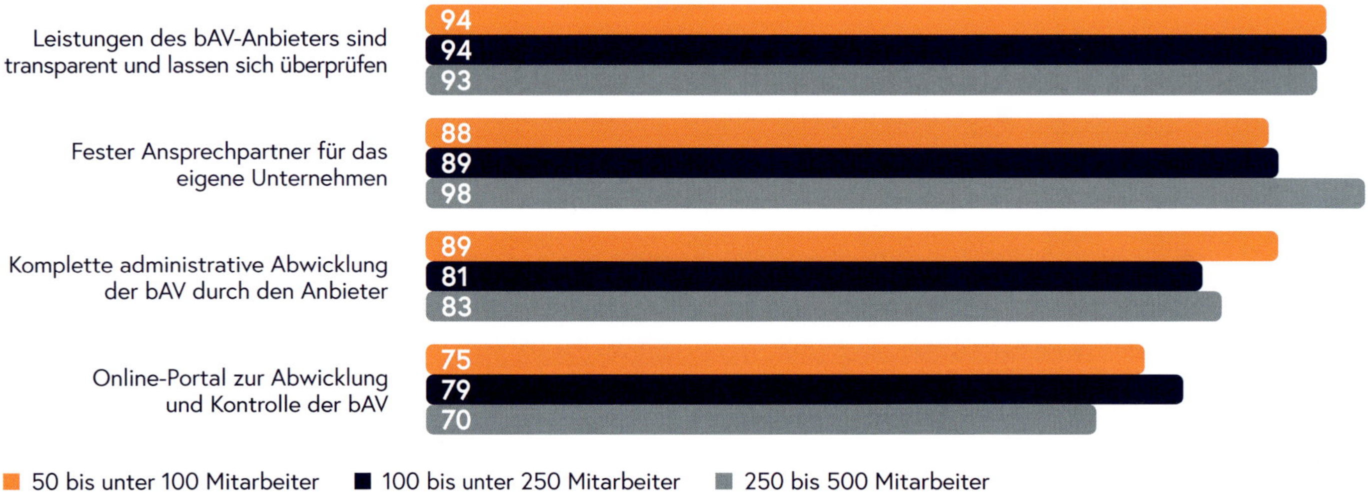

Quelle: Dialog Lebensversicherungs-AG, F.A.Z. BUSINESS MEDIA.

BEFRAGUNGSERGEBNISSE: MITARBEITERBINDUNG

Beschäftigte brauchen Beratung

Neben Weiterbildung ist die bAV mit Arbeitgeberbeteiligung das HR-Instrument, das der Mittelstand am häufigsten für die Mitarbeiterbindung einsetzt. Gut jeder fünfte Betrieb richtet das eigene bAV-Angebot zudem auf Beschäftigte mit besonders großem Vorsorgebedarf aus. Die Arbeitgeber sehen einen erhöhten Beratungsbedarf für ihre Beschäftigten bei der bAV. Drei Viertel der Betriebe erachten eine Hinterbliebenenabsicherung als wichtige Zusatzleistung zum bAV-Angebot.

Für die langfristige Mitarbeiterbindung setzen die meisten Arbeitgeber im Mittelstand auf Weiterbildung (88 Prozent). Laut der Detailanalyse ist Weiterbildung in Betrieben aller Größen und aller Branchengruppen nahezu gleich stark verbreitet. An zweiter Stelle der HR-Instrumente findet sich die bAV mit einer finanziellen Arbeitgeberbeteiligung mit stabilen 85 Prozent. Solche Betriebsrentenmodelle sind in allen Größen und Branchengruppen stark vertreten, tendenziell noch öfter in mittleren (90 Prozent) sowie in größeren Betrieben (88 Prozent) und in Dienstleistungsunternehmen (88 Prozent).

bAV bleibt wichtig, Zeitwertkonten und Sabbaticals sind weniger gefragt
(genutzte Instrumente des eigenen Unternehmens zur langfristigen Mitarbeiterbindung; in % aller befragten bAV-Verantwortlichen[1])

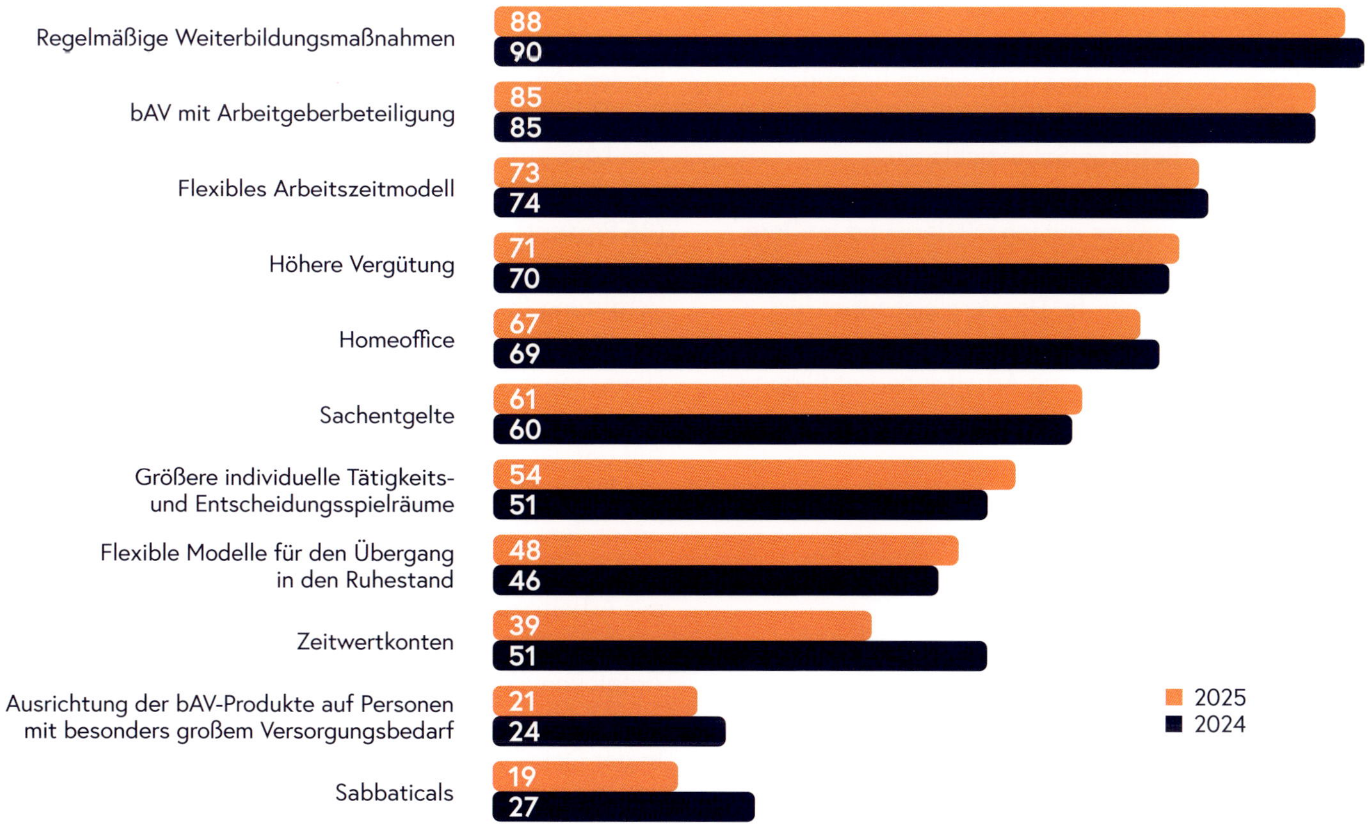

[1] Mehrfachnennungen möglich.

Quelle: Dialog Lebensversicherungs-AG, F.A.Z. BUSINESS MEDIA.

bAV wirkt als HR-Instrument in Betrieben jeder Größe
(ausgewählte genutzte Instrumente des eigenen Unternehmens zur langfristigen Mitarbeiterbindung; in % aller befragten bAV-Verantwortlichen, nach Mitarbeiterzahl[1])

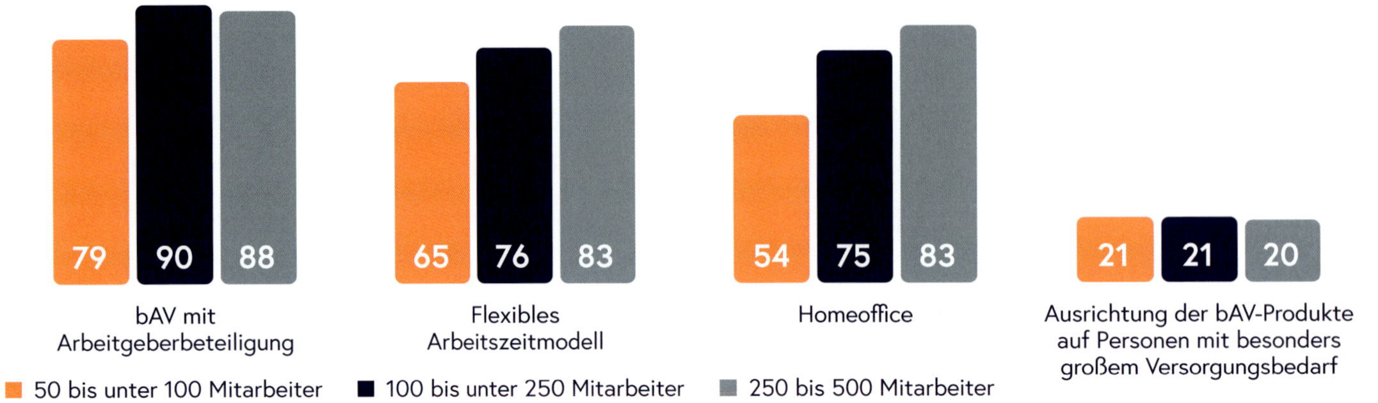

[1] Mehrfachnennungen möglich.

Quelle: Dialog Lebensversicherungs-AG, F.A.Z. BUSINESS MEDIA.

Es folgen jeweils mit Mehrheitsnennungen flexible Arbeitszeitmodelle (73 Prozent), höhere Vergütung (71 Prozent), Homeoffice (67 Prozent), Sachentgelte (61 Prozent) und größere individuelle Tätigkeits- und Entscheidungsspielräume (51). Daran schließen sich flexible Modelle für den Übergang in den Ruhestand (48 Prozent) und Zeitwertkonten (39 Prozent) an. Dabei ist der Anteil der Betriebe, die Zeitwertkonten als Instrumente zur langfristigen Mitarbeiterbindung nutzen, binnen Jahresfrist von 51 Prozent um 12 Prozentpunkte eingebrochen. 21 Prozent richten ihre bAV-Angebote auf Personen mit einem besonders großem Versorgungsbedarf aus. Schließlich setzen 19 Prozent der Betriebe Sabbaticals ein.

Laut der Detailanalyse nutzen mittlere und größere Betriebe mit jeweils 6,5 im Durchschnitt die meisten HR-Bindungsinstrumente. Der Vergleichswert für kleinere Betriebe beträgt 6,1. Das spiegelt sich beispielsweise bei der bAV mit Arbeitgeberbeteiligung wider. So werben 88 Prozent der größeren und 90 Prozent der mittleren Firmen mit einer bAV mit Arbeitgeberbeteiligung, aber nur 79 Prozent der kleinere Betriebe.

76 Prozent

der Betriebe sind zufrieden mit ihrem bAV-Angebot für Personen mit besonders großem Versorgungsbedarf und der Wirkung auf die Beschäftigten.

Hohe Zufriedenheit mit HR-Instrumenten

Die Zufriedenheit der Betriebe mit ihren HR-Instrumenten ist insgesamt hoch, denn diese können die Beschäftigten nach Angaben der Befragten wirksam binden. Am zufriedensten sind die Betriebe mit flexiblen Arbeitszeitmodellen (89 Prozent sehr zufrieden bzw. zufrieden). Davon sind 38 Prozent sehr zufrieden. Dahinter schließt sich Homeoffice an (86 Prozent). Es folgen größere individuelle Tätigkeits- und Entscheidungsspielräume (85 Prozent), höhere Vergütung (83 Prozent) und regelmäßige Weiterbildungsmaßnahmen sowie flexible Modelle für den Übergang in den Ruhestand (jeweils 78 Prozent).

Auf den weiteren Plätzen folgen Zeitwertkonten (78 Prozent), bAV-Produkte, die auf Personen mit besonders großem Versorgungsbedarf ausgerichtet sind (76 Prozent), Sachentgelte (75 Prozent) und bAV mit Arbeitgeberbeteiligung (73 Prozent). Am Ende schließen Sabbaticals die Reihenfolge mit einem Anteil von 62 Prozent zufriedener Betriebe ab.

In der Detailanalyse zeigt sich, dass die bAV mit Arbeitgeberbeteiligung tendenziell in den größeren Unternehmen die höchste Zufriedenheit erzeugt (80 Prozent). Die Zufriedenheit nimmt dann mit der

Größere individuelle Handlungsspielräume erhöhen die Zufriedenheit
(Zufriedenheit mit den Ergebnissen der eingesetzten Instrumente zur Mitarbeiterbindung; in % der befragten bAV-Verantwortlichen, die die jeweiligen Instrumente im Unternehmen einsetzen)

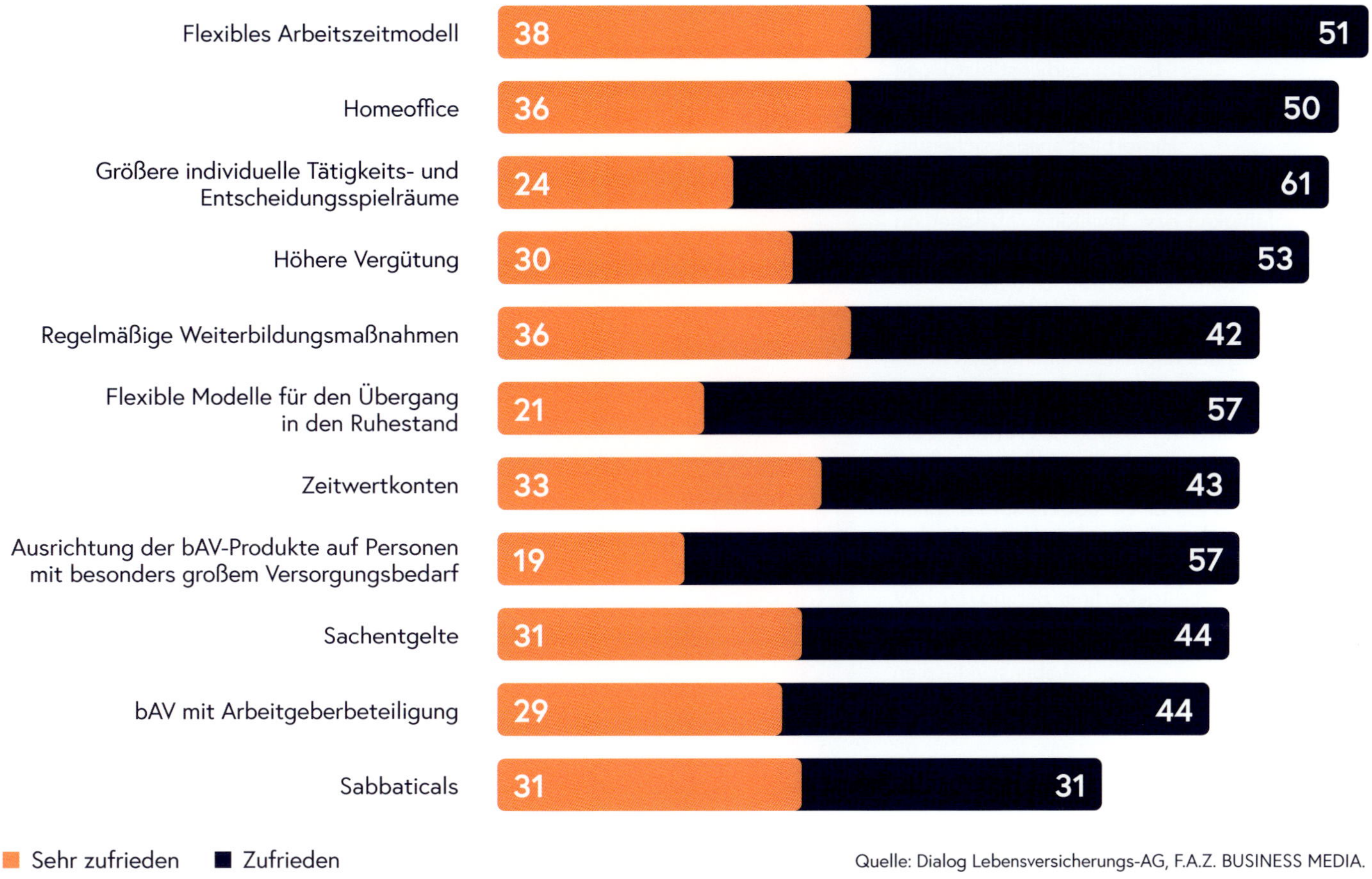

Quelle: Dialog Lebensversicherungs-AG, F.A.Z. BUSINESS MEDIA.

Größere und kleinere Betrieben sind mit bAV-Maßnahmen unterschiedlich zufrieden
(sehr große Zufriedenheit bzw. Zufriedenheit mit den Ergebnissen ausgewählter Instrumente zur Mitarbeiterbindung; in % der befragten bAV-Verantwortlichen, die die jeweiligen Instrumente im Unternehmen einsetzen, nach Mitarbeiterzahl)

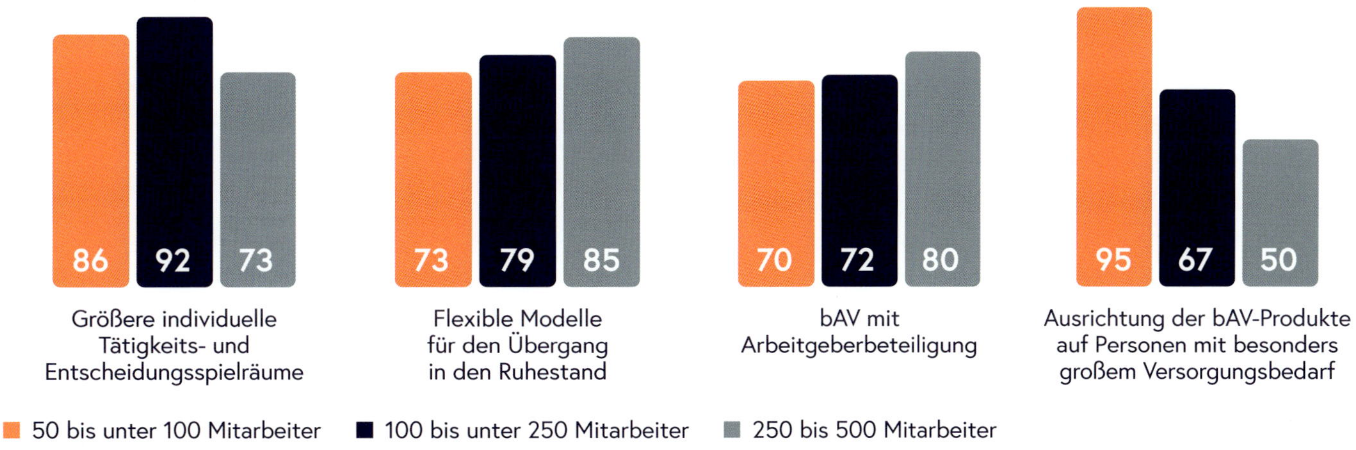

Quelle: Dialog Lebensversicherungs-AG, F.A.Z. BUSINESS MEDIA.

bAV-Beratung hat aus Arbeitgebersicht Priorität
(Leistungskomponenten, die ein bAV-Angebot haben sollte, um als Bindungsinstrument bei den eigenen Beschäftigten besonders gut zu wirken; in % der befragten bAV-Verantwortlichen, deren Unternehmen eine bAV mit finanzieller Arbeitgeberbeteiligung zur Mitarbeiterbindung einsetzt[1])

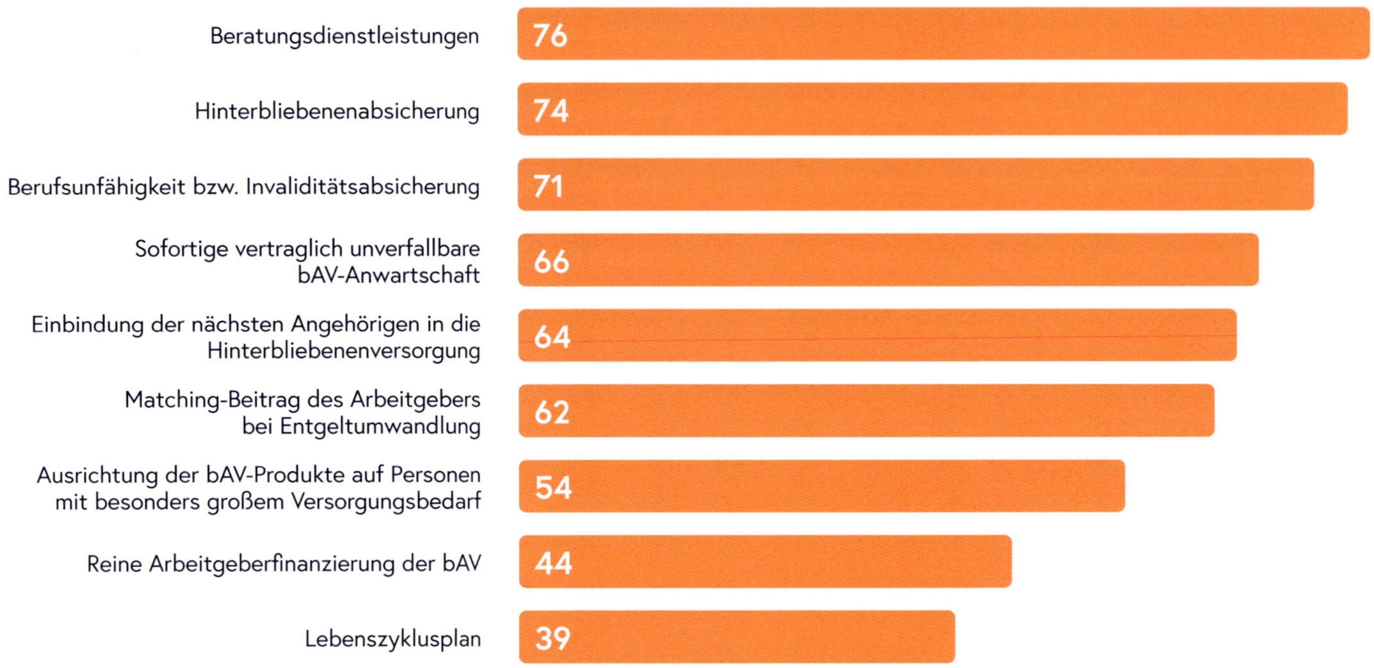

[1] Mehrfachnennungen möglich.

Quelle: Dialog Lebensversicherungs-AG, F.A.Z. BUSINESS MEDIA.

rückläufigen Mitarbeiterzahl tendenziell ab: 72 Prozent sehr zufriedene bzw. zufriedene mittlere Betriebe, 70 Prozent der kleineren Betriebe. Umgekehrt fallen die Zufriedenheitswerte für die bAV-Produkte aus, die auf Personen mit besonders großem Versorgungsbedarf ausgerichtet sind. Hier zeigen sich 95 Prozent der kleineren, 67 Prozent der mittleren und 50 Prozent der größeren Betriebe sehr zufrieden bzw. zufrieden.

Beratung zur bAV ist gefragt

Auf die Frage, welche Leistungskomponenten ein bAV-Angebot haben sollte, um als Bindungsinstrument bei den eigenen Beschäftigten besonders gut zu wirken, antworten 76 Prozent der bAV-Experten mit dem Hinweis auf Beratungsdienstleistungen. Diese Komponente wurde 2024 von 71 Prozent der Betriebe genannt. 74 Prozent von ihnen geben die Hinterbliebenenabsicherung als attraktive Leistungskomponente an. 71 Prozent nennen eine Berufsunfähigkeits- bzw. Invaliditätsabsicherung. Es folgen die sofortige, vertraglich unverfallbare bAV-Anwartschaft (66 Prozent), die Einbindung der nächsten Angehörigen in die Hinterbliebenenversorgung (64 Prozent), den Matching-Beitrag des Arbeitgebers bei der Entgeltumwandlung (62 Prozent) und die Ausrichtung der bAV-Produkte auf Personen mit besonders großem Versorgungsbedarf (54 Prozent). Abschließend werden eine reine Arbeitgeberfinanzierung der bAV (44 Prozent) und ein Lebenszyklusplan (39 Prozent) genannt.

Im Einzelnen legen größere Betriebe mehr Wert auf zusätzliche Beratung (89 Prozent) als mittlere

74 Prozent
der Mittelständler sehen in einer Hinterbliebenenversorgung eine Leistungskomponente eines bAV-Angebots, die als Bindungsinstrument bei den eigenen Beschäftigten besonders gut wirkt.

bAV-Beratung ist größeren Betrieben besonders wichtig
(ausgewählte Leistungskomponenten, die ein bAV-Angebot haben sollte, um als Bindungsinstrument bei den eigenen Beschäftigten besonders gut zu wirken; in % der befragten bAV-Verantwortlichen, deren Unternehmen eine bAV mit finanzieller Arbeitgeberbeteiligung zur Mitarbeiterbindung einsetzt, nach Mitarbeiteranzahl[1])

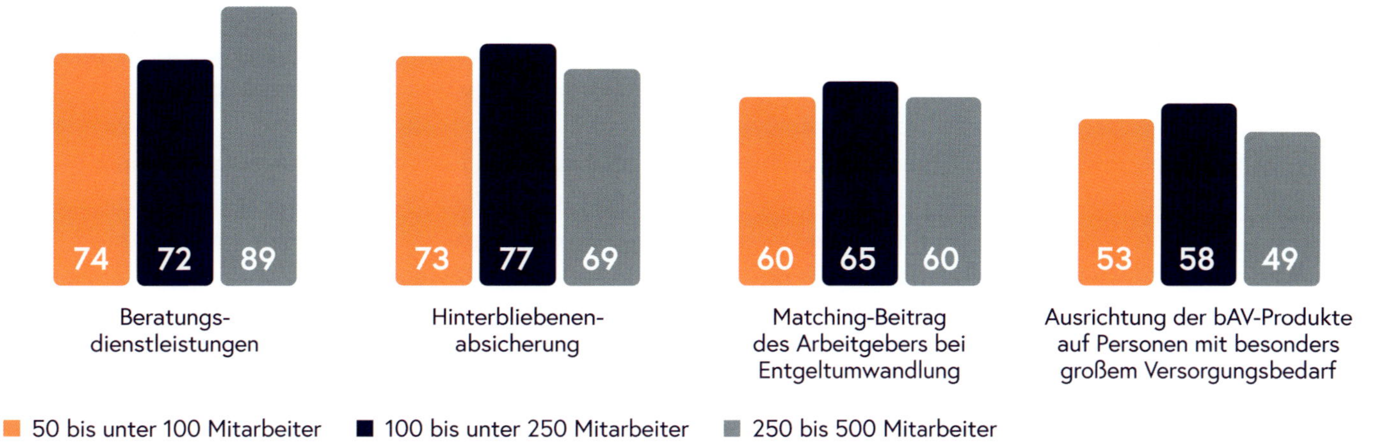

[1] Mehrfachnennungen möglich. Quelle: Dialog Lebensversicherungs-AG, F.A.Z. BUSINESS MEDIA.

Betriebe wünschen für Hinterbliebenenversorgung Beitragsrückerstattungen bei Tod vor Rentenbeginn und Auszahlungsoptionen
(befürwortete Ausstattung einer Hinterbliebenenversorgung im Rahmen einer bAV, um als Bindungsinstrument für Beschäftigte attraktiv zu sein; in % aller befragten bAV-Verantwortlichen[1])

[1] Mehrfachnennungen möglich. Quelle: Dialog Lebensversicherungs-AG, F.A.Z. BUSINESS MEDIA.

(72 Prozent) und kleinere Betriebe (74 Prozent). Hingegen ist mehr kleineren (53 Prozent) und mittleren Betrieben (58 Prozent) eine Ausrichtung der bAV-Produkte auf Personen mit besonders großem Versorgungsbedarf wichtiger als größeren (49 Prozent).

Hinterbliebenenversorgung und ihre Merkmale

Die Hinterbliebenenversorgung im Rahmen einer bAV weist aus Sicht der Befragten eine starke Wirkung als Bindungsinstrument für Beschäftigte auf. An erster Stelle der relevanten Leistungsmerkmale nennen die Betriebe die Beitragsrückerstattung bei Tod vor Rentenbeginn (93 Prozent), gefolgt von Kapital und Rente als Auszahlungsoptionen (91 Prozent). Daran schließen sich vereinfachte Aufnahmemöglichkeiten (83 Prozent) und günstigere Beiträge für Versicherte über Kollektivversicherung (76 Prozent) an. Insgesamt entfallen in diesem Jahr höhere Nennungen auf die meisten abgefragten Leistungsmerkmale als bei der Befragung im vergangenen Jahr. Die Detailanalyse weist relativ ähnliche Vergleichswerte in den Einzelgruppen nach Mitarbeiteranzahl und Branchengruppen auf. Lediglich hinsichtlich der Finanzierungsform weisen die Betriebe mit einem gemischt arbeitgeber- und arbeitnehmerfinanzierten Anreizsystem bei fast allen Produktkomponenten höhere Werte auf.

Glossar

Betriebliche Altersversorgung (bAV): Leistungen der Alters-, Invaliditäts- oder Hinterbliebenenversorgung, die einem Arbeitnehmer vom Arbeitgeber zugesagt worden sind. Neben der Arbeitgeberfinanzierung gibt es die arbeitnehmerfinanzierte bAV, die sogenannte Entgeltumwandlung. Seit dem 1. Januar 2002 besteht ein Rechtsanspruch der Arbeitnehmer auf eine Entgeltumwandlung in Höhe von 4 Prozent der Beitragsbemessungsgrenze für die betriebliche Altersversorgung (2025: 3.864 Euro; 2026: 4.056 Euro).

Betriebliche Riester-Rente: Riester-Rente als eine durch staatliche Zulagen und steuerliche Vergünstigungen geförderte Form der Altersversorgung kennt verschiedene Sparformen, darunter auch Formen der betrieblichen Altersversorgung.

Direktversicherung: Einer der fünf Durchführungswege der bAV. Der Arbeitgeber schließt als Versicherungsnehmer eine Versicherung auf das Leben des Arbeitnehmers (versicherte Person) ab.

Direktzusage/Pensionszusage: Zusage eines Unternehmens an den Arbeitnehmer, unter bestimmten Voraussetzungen aus eigenen Geldmitteln dem Arbeitnehmer bzw. seinen Hinterbliebenen unmittelbar Versorgungsleistungen zu gewähren.

Entgeltumwandlung: Umwandlung von Teilen des künftigen Entgelts in eine gleichwertige Anwartschaft auf Versorgungsleistungen. Unter reiner Arbeitnehmerfinanzierung ist die Finanzierung zu verstehen, die lediglich um den Arbeitgeberpflichtbeitrag aufgestockt wird.

Hinterbliebenenversorgung: Die Hinterbliebenenversorgung im Rahmen der betrieblichen Altersversorgung (bAV) sichert die Hinterbliebenen eines verstorbenen Arbeitnehmers bzw. einer verstorbenen Arbeitnehmerin finanziell ab. Dazu gehören typischerweise der Ehegatte bzw. die Ehegattin oder eingetragene Lebenspartner und waisenrentenberechtigte Kinder. Die konkreten Leistungen und Bezugsberechtigten sind in den Versorgungszusagen des jeweiligen Unternehmens geregelt.

Pensionsfonds: Rechtlich selbständige Versorgungseinrichtung, die über das Kapitaldeckungsverfahren betriebliche Versorgungsleistungen für Arbeitgeber zugunsten von Arbeitnehmern erbringt.

Pensionskasse: Rechtsfähige Versorgungseinrichtung. Sie wird von einem bzw. mehreren Unternehmen getragen und gewährt Arbeitnehmern bzw. ihren Hinterbliebenen Versorgungsleistungen.

Reine Beitragszusage: Durchführungsweg des Sozialpartnermodells. Der Arbeitgeber legt im Rahmen der reinen Beitragszusage (rBZ) monatlich Beiträge in bestimmter Höhe für die Betriebsrente der Beschäftigten zurück und hat keine weitere Haftung für die Höhe der Leistungen mehr.

Sabbatical: Befristete Auszeit von der Berufstätigkeit, die in der Regel zwischen drei und zwölf Monaten dauert.

Sozialpartnermodell (SPM): Initiative, die im Rahmen des Betriebsrentenstärkungsgesetzes (BRSG) im Jahr 2018 in Kraft trat. Das SPM soll die bAV im Rahmen von Tarifverträgen besonders für kleine und mittlere Unternehmen (KMU) attraktiver machen und ihre Verbreitung erhöhen. Arbeitgeber haften beim SPM – im Gegensatz zu den meisten bAV-Modellen in Form eines Defined-Benefit- oder eines Defined-Contribution-Plans – nicht mehr für die Höhe der Betriebsrenten.

Unterstützungskasse: Rechtlich selbständige Einrichtung, die Versorgungsleistungen erbringt. Träger ist ein bzw. sind mehrere Unternehmen.

Zeitwertkonto: Mit einem Zeitwertkonto – auch Lebensarbeitszeitkonto oder Wertguthabenkonto genannt – lassen sich längere Freistellungszeiten finanzieren, indem Beschäftigte Arbeitszeit oder Teile des Gehalts langfristig als Wertguthaben ansparen. Steuern und Sozialversicherungsbeiträge auf die angesparten Beträge fallen erst in der Leistungsphase an.